Silêncio Interior

Dados Internacionais de Catalogação na Publicação (CIP)
(Câmara Brasileira do Livro, SP, Brasil)

Turner, Graham
Silêncio interior : a chave para encontrar o equilíbrio e a espiritualidade / Graham Turner ; tradução de Cláudia Barcellos. – Petrópolis, RJ : Vozes, 2016.

Título original em inglês: The power of silence : the riches that lie within

ISBN 978-85-326-5320-8

1. Silêncio 2. Silêncio – Aspectos psicológicos 3. Silêncio – Aspectos religiosos 4. Silêncio – Aspectos sociais I. Título.

16-06171 CDD-291.435

Índices para catálogo sistemático:

1. Silêncio : Meditação : Religião 291.435

Graham Turner

Silêncio Interior

A chave para encontrar o equilíbrio e a espiritualidade

Tradução de
Cláudia Barcellos

VOZES
NOBILIS

Título do original em inglês: *The Power of Silence – The Riches That Lie Within*

Esta tradução é publicada com autorização de Bloomsbury Publishing Plc.

Direitos de publicação em língua portuguesa – Brasil:
2016, Editora Vozes Ltda.
Rua Frei Luís, 100
25689-900 Petrópolis, RJ
www.vozes.com.br
Brasil

Revisão da tradução: Vera Joscelyne
Editoração: Maria da Conceição B. de Sousa
Diagramação: Sheilandre Desenv. Gráfico
Revisão gráfica: Nilton Braz da Rocha / Nivaldo S. Menezes
Capa: Redz – Estúdio de Design
Ilustração de capa: ©Eric Gevaert | fotolia

ISBN 978-85-326-5320-8 (Brasil)
ISBN 978-1-4729-0919-0 (Reino Unido)

Editado conforme o novo acordo ortográfico.

Este livro foi composto e impresso pela Editora Vozes Ltda.

Para Jim, o primeiro a me encurralar no silêncio.

SUMÁRIO

Prefácio

Este livro é o relato de uma viagem pelo mundo daqueles que valorizam o silêncio e eu a iniciei sem saber muito bem o que me esperava. Certamente não esperava a riqueza e a variedade das experiências que fui levado a descobrir. Digo "levado" porque esse mundo me atraiu de uma maneira inexorável, como se o processo tivesse vontade própria, bastante independente de meus próprios desejos.

Ao bater um tanto indecisamente em todos os tipos de portas, na tentativa de achar um rumo, tateando meu caminho em direção a algum entendimento daquilo que, na verdade, parecia um assunto nebuloso, constantemente achei novos mundos, novas perspectivas que se abriam diante de mim.

Foi a primeira vez, em uma longa experiência como escritor, que tive o sentimento de que um assunto me dominava e fazia de mim o que bem queria.

A princípio, eu nem sequer imaginava o quão rico, importante e pleno o silêncio pode ser e quão universal é sua utilidade. Em lugares que, para a maioria entre nós, estão associados com o barulho – salas de concerto e teatros – encontrei músicos e atores totalmente dispostos a falar sobre o valor do silêncio.

Na Índia, que provavelmente é o país mais barulhento do mundo, encontrei uma civilização que, mesmo em meio a todo o burburinho, reverencia o silêncio como o próprio coração da vida espiritual.

Nos Estados Unidos deparei-me com uma universidade baseada na prática da meditação.

No Líbano encontrei um grupo de pessoas que confiam no que lhes diz o silêncio da meditação para tentar dar a seu frágil país o socorro de que ele tão frequentemente necessita.

Que maravilhosa, embora às vezes cansativa, a aventura acabou sendo! Deu-me a chance de olhar a vida através dos olhos de eremitas no deserto egípcio; de encontrar um mestre zen americano em Paris, entre tantos lugares; de explorar as maneiras pelas quais os psicoterapeutas usam o silêncio para tentar diminuir as agonias da psique humana; e de ouvir um assassino confesso numa prisão escocesa falar sobre o que descobriu por meio da meditação silenciosa.

Um encontro após o outro foram me revelando as dádivas inestimáveis que o silêncio oferece a uma extraordinária variedade de pessoas. Fizeram-me sentir que esse é o menos explorado e o menos valorizado de todos os nossos recursos. Basta ver a qualidade da vida daqueles que se devotam ao silêncio para perceber seu imenso potencial.

É difícil agradecer, pelo nome, a todas as pessoas que generosamente doaram seu tempo para conversar comigo sobre o que o silêncio significa para elas. É suficiente dizer que sou grato a cada uma.

Sou, porém, particularmente agradecido ao bispo anglicano de Londres, Rev. Richard Chartres, sem cuja ajuda eu não teria sido tão calorosamente bem-vindo nos mosteiros do Deserto do Egito. A Michael Billington, crítico de teatro do *Guardian*, que me concedeu seu tempo generosamente e me apresentou a Penelope Wilton. A Richard Johnson, que organizou minhas viagens ao redor do mundo da TM (Meditação Transcendental, na sigla em inglês). E ao meu amigo Peter Riddel que – com a ajuda da tecnologia moderna, de cujo domínio careço – conseguiu manter um fluxo contínuo de e-mails, mostrou-me fatos úteis e arranjou todas as minhas viagens com uma paciência aparentemente infinita.

E, finalmente, à minha esposa Jean, de cujo encorajamento e habilidades editoriais precisei muito e a quem este livro deve bastante.

1

SILÊNCIO? NÃO, OBRIGADO

Para muitas pessoas no Ocidente a simples ideia de silêncio pode parecer estranha e nada atraente, e até mesmo ameaçadora. Basta pensar na maneira como normalmente o descrevemos para perceber que o silêncio não é exatamente algo que a maioria de nós procura. Falamos sobre um silêncio desconfortável, um silêncio inoportuno, um silêncio constrangedor, um silêncio opressivo, um silêncio pétreo, um silêncio ameaçador, um silêncio que poderia ser cortado com uma faca, um silêncio mortal.

E isso sem incluir todas aquelas pessoas que consideram a falta de tagarelice e de barulho, e a atividade que normalmente os acompanha, como entediante, uma perda de tempo precioso, no qual se poderia *fazer* alguma coisa interessante ou escutar algo divertido.

"Nossa cultura, nos Estados Unidos [disse um gerente de escritório em Albuquerque, Novo México] é extremamente eficiente em nos bombardear com palavras e imagens, e por isso o silêncio tornou-se contracultura neste país. As crianças que conheço não têm mais sequer o conceito de silêncio, exceto a noção de vazio, um oco assustador. Elas não sabem mais como ficar quietas e eu temo que isso seja verdade para os americanos como um todo."

"Silêncio não é muito apreciado neste país [concorda um de seus amigos]. Ele é considerado algo apropriado para um tempo de pesar, e as pessoas diriam: 'Não quero me entregar à tristeza hoje'."

E, na verdade, dedicar tempo à meditação silenciosa – acima de qualquer outra coisa – pode custar dinheiro. “Essa é uma sociedade muito dinâmica e gregária [disse um neurocientista em Iowa que pratica Meditação Transcendental]. Quer construir e criar, e por isso você não deve ficar sentado com os olhos fechados, e sim pegar os tijolos e a argamassa! Se você for um advogado e fechar os olhos por 2min, isso é faturável, custa US$ 50.”

Portanto, para muitas pessoas, pelo menos no Ocidente, não há mais nada de atraente na perspectiva de ficar quieto. Quantos de nós alguma vez falamos de um silêncio delicioso e agradável? O silêncio é visto como um impedimento ao bem-estar social, uma zona potencialmente maligna. A ideia de que uma conversa na hora do jantar subitamente acabe enche de pavor o anfitrião e a anfitriã normais.

O silêncio, na verdade, é geralmente considerado como nada mais do que um buraco desagradável que tem que ser preenchido a qualquer custo, por qualquer coisa que esteja à mão. Qualquer operador de ceifeira-debulhadora que valha alguma coisa tem um sistema de som estéreo em seu carro. Corredores – mesmo aqueles mais ecológicos – raramente praticam a atividade sem fones de ouvido. Centenas de milhões engajam-se num festival global de conversações por texto e celulares. Nós tuitamos, e tuitamos sem parar. E um número cada vez maior de pessoas aumenta os decibéis para banir o tédio e o vazio da vida com o consolo e a alegria do som. O barulho passou a ser nossa configuração padrão, e o silêncio um conceito cada vez mais estranho.

Parcialmente devido à tradição, considera-se também que o silêncio tem alguma conexão com religião e, para um bocado de gente, essa é outra razão para ficar longe dele. Mesmo as pessoas que vão à igreja não sabem o que fazer com ele. Quando um amigo que raramente visita a igreja perguntou o que ele deveria fazer quando o padre pedisse um momento de silêncio, um dos fiéis respondeu: “Ah, eu só abaixo a cabeça, conto até 20 e sento de novo”. Ufa! Graças a Deus que isso acabou.

Aqueles que, no Ocidente, vão fazer retiros religiosos poderão ser facilmente considerados como contempladores do próprio umbigo, perigosos e introspectivos. Para a maior parte, é uma busca tão excêntrica quanto *bungee jumping*. Mesmo aqueles frequentadores assíduos da igreja suspeitam de que haja algo um pouco doentio em querer *tanta* quietude.

Quando perguntei a duas amigas o que pensavam sobre o silêncio, ambas confessaram não gostar nada da ideia, porque as fazia sentir ansiosas e até mesmo apreensivas. "Para mim [disse a esposa de um fazendeiro], silêncio é estranho, mortal. Se há alguma coisa acontecendo, está tudo bem, mas quando as coisas ficam demasiado quietas, fico nervosa [afirmou]. Uma segunda mulher, professora aposentada, também não queria nenhum silêncio. "Isso significa [disse ela] que de repente você pode começar a pensar, e a maioria das pessoas teme o que pode pensar."

Na mente dela, em outras palavras, não há proteção no silêncio. Naqueles espaços potencialmente vazios e abertos de sua mente, você não tem defesa contra os medos e ansiedades de que a maioria de nós é vítima: relacionamentos que não estão indo bem, memórias tristes que preferimos suprimir, coisas a respeito das quais sabemos que deveríamos fazer algo, mas não o fazemos, padecimentos que preferimos esquecer. Um silêncio prolongado, sentimos, poderia abrir a agenda de ansiedades, que preferimos manter a distância, com atividade e barulho. Ironicamente, o silêncio vem sendo considerado, no Ocidente ao menos, quase como uma antítese da serenidade mental.

"O silêncio [disse o Padre Richard Rohr, um franciscano norte-americano que vendeu mais de um milhão de exemplares dos livros de sua autoria] faz as pessoas neste país se sentirem inexpressivas. Aqui, você é considerado importante quando diz coisas inteligentes, quando faz piadinhas espirituosas para denegrir outras pessoas, quando usa palavras que preencham o momento. Para os norte-americanos, o silêncio é sentido como a entrada para o vazio. E, em nível psicológico, há também medo de encarar a si mesmo, medo daquele autoconhecimento que é sempre incriminador."

Nada disso parece uma perspectiva convidativa, e por certo não há nada intrinsecamente benigno sobre o silêncio. Ele pode aprofundar a solidão daqueles que já se sentem sozinhos. É a arena em que lutamos com nossos arrependimentos, nossas saudades e nossos ressentimentos, que muitas vezes não estão resolvidos nem curados. Os seres humanos, além disso, podem usar o silêncio de uma maneira impiedosa e insensível. Ele é a arma escolhida em relacionamentos amorosos que acabaram e azedaram. Pode ser usado para "dar um gelo" nas pessoas, para privá-las do oxigênio das relações sociais. Coisas que jamais deveriam ter sido ditas podem deixar, no silêncio subsequente, um legado terrível de amargura. Coisas que *deveriam* ter sido ditas, mas nunca o foram, podem arruinar vidas inteiras.

E há ainda silêncios que impomos a nós mesmos porque nossas memórias são muito dolorosas para colocá-las em palavras. Tal é o silêncio de dezenas de milhões que suportaram os horrores da guerra. Tal é o silêncio daqueles que sobreviveram ao Holocausto. Tal é o silêncio de Tomas Reichental, da Eslováquia, que foi mandado para o Campo de Concentração de Bergen-Belsen quando tinha apenas 9 anos de idade.

"Fiquei em silêncio por 55 anos [disse]. Depois de casar, nunca falei para minha esposa ou para meus filhos sobre o campo. Nós vivíamos congelando lá, eu morria de fome, havia milhares de cadáveres em volta, o fedor era indescritível, e eu não suportava falar sobre isso. Sempre que havia um programa de tevê sobre essas coisas, eu desligava. Sentia como um pesado fardo dentro de mim em todos esses anos. Era dolorosíssimo. Aquele fardo estava sempre comigo, mas eu tentava evitá-lo.

Só comecei a falar a respeito quando um professor da escola do meu neto, aqui em Dublin, perguntou se eu falaria para as crianças sobre aqueles horrores indizíveis, aquela morte em vida. A primeira vez em que falei, caí em lágrimas, e o professor também."

O mesmo aconteceu com Annette, hoje vivendo na região central da Inglaterra, que perdeu muitos membros da família no Holocausto e até hoje tem pesadelos a respeito. Nem mesmo com o marido ela toca no assunto. Acha que talvez seja melhor tentar esquecer, ainda que carregue dentro dela esse silêncio terrível.

Há, então, algo positivo ou útil acerca do silêncio? Ou ele não é nada mais do que um sótão mental onde memórias horríveis foram encaixotadas ou, ao contrário, uma série de execráveis períodos de tempo que têm de ser negociados por quaisquer meios a nós disponíveis?

Algumas pessoas religiosas, embora nem todas, veneram o silêncio como o espaço no qual podemos ouvir a voz da consciência (ou mesmo Deus), transcender o ego, descobrir o melhor de nós mesmos, reconectar-se com "a essência de nosso ser" (caso dos hindus) ou atingir um estado de iluminação (caso dos budistas). Isso não é surpresa. Eles têm de honrar suas tradições, têm crenças a propor. Mas e a multidão irreligiosa, que talvez reconheça e pratique virtudes melhor do que alguns "fiéis", mas não quer se ligar a doutrinas que parecem irracionais ou completamente bizarras? O que, pode-se pensar, o silêncio pode lhes oferecer?

No entanto, como descobri, não são apenas os religiosos que consideram o silêncio como algo precioso. Sem aquilo que o silêncio expressa a respeito de seus pacientes os psicoterapeutas achariam seu trabalho muito mais difícil, se não impossível. Atores insistem que interpretar os silêncios em um drama é tão importante quanto pronunciar as palavras; músicos dizem que as pausas são tão vitais quanto as notas; enquanto isso, Sir Neil MacGregor, diretor do Museu Britânico, aponta que o silêncio é "um absoluto *sine qua non*" na apreciação da arte.

Ele é também valorizado, até mesmo reverenciado, por algumas pessoas mais surpreendentes. "Nas grandes montanhas [disse Stephen Venables, o primeiro bretão a alcançar o topo do Everest sozinho e sem ajuda de oxigênio] barulho equivale a perigo. O gelo sob seus pés pode se partir como o tiro de uma pistola no meio da noite, aquele barulho terrificante do estrondo de rochas se partindo, paredes rochosas caindo aos pedaços, tempestades de neve, imensas massas sucumbindo às mudanças de temperatura e à gravidade – e você certamente não quer estar em seu caminho.

Ao contrário do barulho, o silêncio significa que está tudo imóvel e seguro. Por isso, amo o silêncio. É o que eu quero. E ele nunca me deixou mais ansioso quando eu estava sozinho.

Ao chegar ao topo do Everest, naquele dia em 1988, era fim de tarde e havia começado a nevar, mas o vento não se levantara e havia um tipo de efeito aconchegante, aquele silêncio tinha uma qualidade poderosa. Eu estava em um lugar potencialmente perigoso, tremendamente sozinho com cinco ou seis bilhões de pessoas lá embaixo e, mesmo assim, eu estava em meio daquele silêncio calmo e sereno. Parecia quase uma bênção."

Para Ian Player [irmão do jogador de golfe Gary], que ao longo de muitos anos levou milhares de pessoas por trilhas nas selvas da África do Sul, o silêncio era necessário e abençoado.

Toda a caminhada, disse ele, tinha de ser feita em completo silêncio, porque alguns animais podem ouvir o som de uma voz humana a pouco mais de 3km de distância. Era também uma medida de segurança necessária porque "os diversos cantos de pássaros vão dizer se ali há búfalos ou hipopótamos ao redor, e você tem de estar com os ouvidos bem abertos.

Os rigores da trilha [continuou ele] sempre foram um desafio, mas sem dúvida, de longe o trabalho mais difícil que tive que fazer foi assegurar que as pessoas ficassem quietas enquanto caminhávamos. Muitas vezes demorei três dias para fazê-los calar a boca e ouvir. Nos primeiros dois dias eles odiavam, na verdade mal podiam aguentar. Nada surpreendente, porque vinham de um mundo que está mergulhado em barulho.

Mas, apesar disso, sabe?, no final o silêncio tinha um efeito profundo em muitas dessas pessoas. Afinal de contas, se você vai para um lugar como a Reserva Umfolozi, você está voltando 250.000 anos no tempo, para uma parte primitiva de você mesmo, quando ninguém tinha telefone celular, relógios de pulso ou computadores, e, no final da trilha, as pessoas que vieram comigo haviam tido um gostinho desse mundo original. Quando iam embora muitas delas choravam, tanto homens quanto mulheres."

Eu também tive um gostinho desse mundo primitivo nos Alpes Suíços, nas Rochosas e nos desertos egípcios, lugares em que um silêncio profundo ainda impera. Neste livro, quero explorar o mundo daqueles que consideram o silêncio como uma companhia valiosa, uma fonte de inspiração, que não encontram nele o vazio e sim a plenitude, uma riqueza que aqueles que o evitam estão perdendo.

O que exatamente significa o silêncio para atores, músicos e psicoterapeutas? Ele é útil mesmo para quem é condenado a ficar muitos anos de sua vida atrás das grades, em uma prisão? E o que significa para aqueles que a ele se ligam como um modo de transformar suas vidas, que o consideram, como um cristão afirmou, "um lugar de encontro no qual procuro pelo amor de Deus e em que Ele também procura pelo meu amor". Tal ardor sugere que o silêncio pode ser bem mais do que um espaço vazio e entediante.

É muito fácil ver por que tantas pessoas fogem do silêncio, mas é, afinal, nosso próprio pequeno mundo, o espaço mental que carregamos conosco o tempo todo, e parece um pouco estranho que deveríamos nos importar tão pouco com seu valor potencial – tão pouco, de fato, quanto a maioria de nós se importava com nosso planeta 50 anos atrás. Será que não vale a pena considerar o quanto nosso planeta tem para nos oferecer? No momento, para a maior parte de nós no Ocidente, é apenas uma de nossas grandes incógnitas.

O mesmo não ocorre no Oriente. Lá, uma filosofia muito diferente prevalece. "Silêncio [disse-me um amigo dentista de Bangalore, na Índia] é, e muito, parte de nossa cultura". Não posso conceber ninguém no Ocidente fazendo essa afirmação. Parece algo vindo de outro planeta.

Por que indianos e o Oriente em geral têm uma mentalidade tão diferente, uma mentalidade que reverencia o silêncio em vez de encolher-se diante dele? O que os indianos veem no silêncio que a maioria de nós claramente não vê?

2

ÍNDIA: SILÊNCIO NOS GENES

Talvez haja países mais barulhentos do que a Índia, mas não consigo pensar em nenhum assim de repente. Cada caminhão carrega o convite "Buzine, por favor", e pode-se sentir, em viagens para cidades como Bombaim, um bip-bip contínuo. Se comparada a ela, Londres parece um necrotério.

A buzina, na verdade, é uma das principais línguas da Índia. Um bip significa "estou passando"; dois, "estou passando, quer você goste ou não", e, três, "não faça isso de jeito nenhum".

Os indianos são igualmente ruidosos. "Nós falamos o mais possível e também no volume máximo" [afirmou um de meus amigos indianos]. As conversas entre grupos de homens podem soar como o barulho de uma competição de metralhadoras. Cada um dos templos hindus é lugar de sinos e cânticos e tagarelices em vez de silêncio.

Apesar da constante algazarra – ou, talvez, até mesmo por causa dela – há um profundo respeito pelo valor espiritual do silêncio tanto entre muçulmanos quanto entre hindus, budistas e jainistas. "É a parte mais respeitada de nossa cultura [disse meu amigo, o dentista Ravi Rao, que é hindu]. Não é tão importante quanto era no tempo de Gandhi, mas ainda há muitas pessoas que reservam algum tempo para estar em silêncio.

Elas lhe avisam que estão em *maun vrat*, o que significa que fizeram um voto de ficar em silêncio por um dia, uma semana, ou até um ano. Você ouve falar de pessoas que não disseram nada por anos.

A prática do silêncio é ainda amplamente reverenciada e considerada como um caminho para a sabedoria.

Afinal, é no silêncio que refletimos sobre as verdades com que nos deparamos na vida. Tudo nasce no silêncio – todos os pensamentos, toda a sabedoria, toda a perspectiva. Sem ele, você nunca verá as coisas como elas realmente são, você sempre será pautado por suas reações – e, como essas reações fazem sua mente prisioneira e aumentam em intensidade, vão arruinar sua paz."

O respeito pelo silêncio está enraizado em tradições que remontam a milhares de anos. "O valor do silêncio está nos genes dos indianos [disse Jaya Row, que leciona Vedanta, uma das escolas filosóficas do hinduísmo]. É o modo como somos criados e é ainda a cultura, mesmo que as coisas tenham se deteriorado após a morte de Gandhi. Há um grande e oculto respeito pelo silêncio."

A Índia não é apenas o lar de dez milhões de gurus (palavra que significa, literalmente, aquele que dissipa a escuridão) e falsos gurus que, de modo frequente, têm talento para oferecer as mais estranhas noções religiosas. O país também oferece uma gama infinita de técnicas para alcançar a iluminação espiritual, todas elas envolvendo a prática do silêncio.

É a alma da yoga, além do curry, a mais conhecida das exportações da Índia. Existem, claro, os aspectos físicos da yoga, mas, para os conhecedores da prática, esses estarão sempre subordinados ao silêncio e às práticas de meditação.

"Eu chamaria as formas mais populares de yoga de yoga preliminar [disse Dr. Shrikrishna, que vem ensinando a prática por mais de 30 anos]. Se tenho uma dor nas costas, naturalmente quero curá-la. Mas a ideia de que a yoga envolve apenas mexer seus membros e esticar seu corpo não faz sentido. Isso é só o começo.

O ponto principal da yoga é silenciar todos os barulhos internos que nos impedem de experimentar o que está além, para que possamos descobrir o que nos faz sentir inquietos e não ter paz. No mesmo silêncio, aprendemos a lidar com as coisas que criam essa inquietação – não tentar escapar delas, mas confrontá-las.

No Ocidente, disse ele, a grande maioria nunca foi além do começo. Para os ocidentais, a yoga é uma maneira elegante e eficiente de se manter em boa forma com muito pouco, se mesmo algum, de seus mais profundos desafios; manter o corpo sem dar à alma a oportunidade de ser olhada.

Na América [continua Shrikrishna] as formas mais superficiais da yoga já integram a corrente principal. Acredita-se que 10% da população estão envolvidos com ela de alguma forma. É até possível tirar férias para fazer yoga. Mas pouquíssimos mergulham em níveis mais profundos."

Na Europa, disse ele, existiam abordagens psicoterapêuticas que tampouco exigiam que você olhasse a você mesmo muito intensamente. O desenvolvimento espiritual indiano por meio da yoga, ao contrário, significa que "não se permite que nada permaneça escondido, não há nada escondido embaixo do tapete. É uma verdadeira limpeza de tapete, e se sou eu quem está sacudindo esse tapete, a poeira vai levantar".

"Quando você está de fato engajado no silêncio verdadeiro, pode achar duas coisas. Primeiro, como lidar com os eventos e situações da vida que criam ruído e inquietação em você e, segundo, você pode descobrir quem você é realmente. Esse é o verdadeiro desenvolvimento espiritual. Você tem que permitir que tudo venha à tona e lidar com isso. Estar apto a harmonizar todas as situações que sobrevenham na vida é fruto do profundo silêncio interior!"

"Às vezes, no Ocidente, a abordagem é 'não se incomode, você já tem muitos problemas!' Meu objetivo não é fazer você feliz, mas perturbá-lo de tal forma que você comece a desafiar sua sabedoria atual." Ele gastou boa parte de seu ano "limpando o tapete" em seminários pela Europa.

Também não há nada de superficial ou vago na técnica de meditação budista conhecida como vipassana, chamada igualmente de meditação introspectiva, que o Dalai Lama pratica com regularidade. Rhea D'Souza, uma jovem cristã protestante que compartilha com um sócio uma consultoria em Bombaim, tinha acabado de voltar de dez dias de curso de meditação vipassana quando a conheci.

A meditação silenciosa, disse ela, começava às 3h30min da manhã e acabava às 21h30min. Havia alguns pequenos intervalos e as costumeiras horas de refeições. A comida era boa, mas simples, e não havia distrações – "nenhuma leitura, música, nem mesmo olhares mútuos". Ela havia sido uma das 200 mulheres presentes, de todas as idades, e as listas de espera eram longas, já que a demanda para esses cursos era muito alta. Uma garota chinesa que ela conheceu estava fazendo o curso pela quarta vez.

Ela mesma havia feito a inscrição, disse Rhea, porque notava que falava e ria muito, perguntara a si mesma se permitira se tornar estereotipada como certo tipo de pessoa. "Questionava-me estava rindo e falando tanto porque queria ou se era porque estava tentando viver um estereótipo e não podia ficar em silêncio. A única maneira de saber era experimentar."

A princípio, nos momentos de meditação, tivera dificuldade para manter a mente sem divagar e o corpo estático, já que estava sentada na posição semilótus – "ficava inquieta e me mexia" – mas, no segundo dia, já começara a aquietar-se e apreciar a si mesma.

"Conforme o tempo passava [ela lembra] meu contentamento era incrível, e eu me via sorrindo por dentro. Nunca fiquei entediada. Durante essas 3h de meditação, um gongo batia no fim de cada hora, para nos dar a chance de ter 5min de pausa, mas eu não queria parar. Era como estar num jardim bonito, apenas queria entrar e ficar ali sentada."

No fim do curso, continuou Rhea, foi permitido às pessoas falarem umas com as outras "para nos colocar de novo no mundo de barulho. Fiquei interessada pelo fato de 200 homens que estiveram num curso paralelo começarem a tagarelar imediatamente, enquanto as mulheres levaram muito mais tempo para começar a falar. Eu não queria dizer nada".

"Saí do curso muito feliz por ter achado que *há* um outro eu que pode ser totalmente silencioso. E que esse outro eu era um eu que descobrira em vez de um eu que criara." Um novo eu para enriquecer e complementar o velho eu, na verdade. Havia mais a silenciar do que Rhea imaginara.

O curso, adicionou, a ajudara enormemente de outras maneiras. Dera a ela, de algum modo, novas forças. Pouco tempo depois, o casamento de uma parente tinha terminado, a mulher havia tentado se suicidar tomando pílulas e esteve internada por muito tempo, em estado grave. "Durante meu crescimento [disse Rhea] nunca aguentei hospitais – costumava prender a respiração enquanto estava lá – mas, dessa vez, consegui ficar no hospital para estar perto dela. O silêncio havia crescido em mim, então agora podia estar completamente quieta por dentro, mesmo quando estava fazendo alguma coisa. Aquele silêncio curativo é uma realidade viva para mim, porque é de onde extraio minha força."

E o que dizer sobre as dezenas de milhões de muçulmanos na Índia? O que o Islã diz sobre o silêncio? Havia tentado por meses falar ao telefone com um dos principais estudiosos islâmicos da Índia, Maulana Wahiduddin Khan – mas falhara terrivelmente. (Maulana é o título que se dá a um estudioso do Islã.)

Então, em Déli e com tempo livre, decidi que nada havia a perder em ao menos procurar por ele no subúrbio de Nizamuddin, sem sequer saber se ele estaria em casa, mesmo que conseguisse achar o lugar.

A ida até lá, em um riquexó motorizado, foi ao mesmo tempo assustador e estimulante. O único endereço que eu tinha era o de um centro islâmico local, que acabou se revelando ser apenas um acumulado de livros empoeirados em um prédio bem desgastado, ao final de uma arcada.

A essa altura de nada me adiantaria ficar tímido, então declarei corajosamente que estava ali para ver o Maulana, como se um encontro tivesse sido marcado. O mais velho de dois homens que estavam lá, claramente tomado de surpresa, instruiu o mais novo a me levar à casa do Maulana. Andamos por ruelas enlameadas até chegarmos a uma casa branca, grande, que tinha um guarda e um portão de metal.

Disse de novo que havia ido para ver o Maulana e, depois de uma conversa sussurrada entre o guarda e meu guia, fui conduzido a um aposento menor. Parecia que o Maulana pelo menos estava em casa. Após um silêncio longo e de algum modo desconfortável, foi-me dito que ele havia, na verdade, concordado em me ver se eu pudesse voltar à tarde.

De novo com tempo livre, decidi andar em meio às favelas de Nizamuddin, seus becos estreitos apinhados com cabras e motocicletas, para ver se conseguia achar uma organização, também inacessível por telefone, indicada como sendo liderada por pessoas que seguiam a tradição dos sufis, místicos muçulmanos que procuravam a união com Deus por meio da meditação silenciosa.

Novamente, tudo de que dispunha para procurar era o nome misterioso da organização – Dargah Hazrat Inayat Khan – e um endereço em inglês, não muito útil onde ninguém parecia falar a língua. Com muitas perguntas e por um tipo de milagre, achei o caminho para a sede e para o diretor-executivo, Samiur Rahman.

Pelo que me disse Samiur Rahman, seguindo a tradição sufi, a organização tinha como objetivo servir os mais pobres dentre os pobres. Oferecia música gratuita, ensinava artesanato e dava um copo de leite todos os dias àqueles que vinham à porta. Ele também não tinha dúvidas sobre o valor do silêncio.

"É muito simples o reino onde Deus existe [disse ele], e é o silêncio que ajuda a se conectar com Alá. Quando você visita um lugar belo, uma floresta ou à beira-mar, e quando pensa naquela beleza, você imediatamente se conecta a Ele. Essa é a natureza do silêncio. Como você internaliza esse sentimento? Você o internaliza em silêncio!"

O mesmo ocorria quando um muçulmano ia na *haj*, a peregrinação para Meca. "A cada momento [continuou ele] você sente que Alá está falando com você no silêncio. Não é uma voz, apenas um forte sentimento. Quando você se mistura à multidão, você sente que Ele está ali com você."

E assim fui até o Maulana, que se revelou um homem distinto, já envelhecido, com uma barba rala e branca, vestido com uma longa capa marrom. Auxiliado pela filha e pela neta, ele imediatamente embarcou em uma descrição daquilo que o silêncio significa para os muçulmanos.

No pensamento islâmico, disse ele, há dois tipos de silêncio. O primeiro, meditação, era – por assim dizer – baseado no coração e procurado para explorar os *insights* e instintos que nós todos mantemos escondidos lá. Somente aqueles muçulmanos que seguem a filosofia sufi acreditam nele.

O segundo, ou contemplação, era essencialmente baseado na mente. Era o tipo de silêncio que ele mesmo tentava praticar, e era o tipo de silêncio que a maioria dos estudiosos muçulmanos, os *ulema*, também preferiam. Se você ler o Alcorão, continuou o Maulana, descobrirá que houve quase 500 versos que nos diziam que temos que considerar tudo no mundo, incluindo a nós mesmos. Por meio desse tipo de contemplação você poderia descobrir a verdade sobre o mundo e sobre si mesmo.

Para indicar que ele não estava apenas oferecendo uma opinião pessoal, o Maulana citou uma série de dizeres do próprio Profeta Maomé, ou *hadiths*, dos quais, segundo ele, havia seis coleções. Em um deles, estava gravado que o Profeta disse a seus seguidores: "Vocês têm de manter o silêncio"; em outro que ele dizia: "Aquele que mantiver o silêncio será premiado com a salvação". No Islã, acrescentou o Maulana, silêncio era "um ato premiado" e o prêmio era o Paraíso, o que significava viver na proximidade de Deus.

O silêncio teve seu lugar entre todas as práticas islâmicas básicas, ele prosseguiu. Nas cinco preces diárias, por exemplo, havia pessoas que oravam e que recitavam as preces em voz alta, outras que as diziam para si mesmas, no silêncio de seus corações. Era naquele *silêncio* que você poderia estabelecer contato com o Deus Poderoso.

Quanto ao mês de Ramadã, era um tempo em que o próprio Profeta tinha sempre ficado em silêncio e em reclusão, por dez dias ou, às vezes, pelo mês inteiro. Esse processo de procurar a reclusão era chamado *aytakkuf* em árabe, e envolvia refletir sobre o mundo e sobre si mesmo em silêncio.

A maioria dos muçulmanos, hoje em dia, disse o Maulana, sabia apenas as *formas* do Islã e não seu espírito mais profundo. Eles talvez se dirigissem aos mosteiros durante o Ramadã e sentassem-se em silêncio, mas isso era apenas uma forma de *aytakkuf.* O espírito da ideia era manter o silêncio e a contemplação. O ponto central do Ramadã não era somente evitar se alimentar e beber durante certas horas, mas mergulhar no silêncio e manter-se livre de todas as formas de distração.

Quanto à possibilidade de Deus falar de fato às pessoas em algum tipo de voz, ou simplesmente por inspiração por intermédio de nossos pensamentos, o Maulana disse que, de acordo com a crença islâmica, Deus se comunica com os seres humanos de duas maneiras. Uma era pela revelação e Deus na verdade falava em palavras. Isso, porém, era quase excepcional: Ele havia feito isso uma só vez, e havia sido ao Profeta. A todos os demais muçulmanos, a comunicação vinha, não pelas palavras, mas por inspiração. Em ambos os casos, os mensageiros eram como anjos – espirituais, seres invisíveis.

O silêncio para os muçulmanos não era apenas não dizer nada, mas significava procurar, na quietude, o sentido mais íntimo da vida. "É como viajar acima do tempo e do espaço [disse o Maulana], tentando estabelecer contato com uma realidade maior." Pelo que parecia a ele, o silêncio era realmente uma forma de falar, mas falar sem usar palavras.

O Islã como um todo, na verdade, era baseado no silêncio. Ele gostaria, disse, de me contar uma história. O Profeta estivera com alguns de seus companheiros e eles haviam compartilhado uma feliz experiência. Mais tarde, os companheiros haviam dito em vozes bem altas "Allahu Akbar" (Deus é grande). "Deus [disse o Profeta repreendendo-os] não é surdo!" É claro, adicionou o Maulana de modo irônico: "Aqueles que falam em plataformas públicas, nossos líderes políticos, não têm tempo para esse tipo de contemplação. Eles não querem ter nada a ver com o silêncio".

Ninguém com quem falei na Índia pareceu ter nenhuma palavra contra o silêncio. Eles talvez não o pratiquem, talvez vivam as mais ruidosas das vidas, mas nenhum deles declarou estar preocupado com o silêncio, menos ainda com medo dele. A própria ideia teria, na verdade, lhes parecido estranha. Todos com quem conversei falaram do silêncio com certo respeito e, em muitos casos, com reverência.

Com o passar dos dias, não conseguia parar de me perguntar por que haveria um hiato tão grande entre nossos dois mundos. Apesar de tudo, por muitos séculos a Cristandade também teve uma forte tradição contemplativa. O silêncio estava no centro da vida monástica e, durante a Idade Média, era considerado parte vital da prática cristã. A Quaresma, como o Ramadã, era originalmente um tempo de contemplação silenciosa tanto quanto de abnegação: menos tagarelice e também menos autoindulgência.

Ninguém expôs a visão cristã de silêncio, aceita amplamente, melhor do que o bispo e teólogo Isaac de Niveveh. "Muitos [escreveu] procuram com avidez, mas só encontram os que permanecem em silêncio contínuo. Cada um que se deleita com uma profusão de palavras, mesmo que fale coisas admiráveis, é vazio por dentro. Se você ama a verdade, seja um amante do silêncio. O silêncio, como a luz do sol, irá iluminar você até Deus e livrá-lo dos fantasmas da ignorância."

Milhares de outros, nos mosteiros através do mundo cristão daquele tempo, teriam ecoado suas palavras. Mas, por uma razão qualquer, a tradição cristã havia atrofiado a ponto de ser, agora, a exclusividade de uma pequena minoria de fiéis. Richard Chartres, o bispo anglicano de Londres, acredita que isso é em parte porque nós, no Ocidente, gastamos os últimos 250 anos mapeando o mundo externo – um exercício que nos deu enorme poder global –, mas, no processo, esquecemos que "há uma verdade para ser colhida dentro de nós mesmos". Ele disse que "chegamos ao ponto em que nos tornamos incapazes de ver a verdade *interior* de qualquer coisa".

Laurence Freeman, monge beneditino que lidera uma organização que vem tentando reviver a tradição contemplativa, concorda inteiramente. "Sim [disse ele], passamos séculos mapeando o mundo exterior e pensando a respeito de Deus, mas não paramos para, na verdade, *estarmos* com Ele, e é por isso que ir à igreja é, com frequência, tão chato."

"Precisamos de uma dieta espiritual mais balanceada no Ocidente, porque a Igreja ocidental nos empanturrou de carboidratos de palavras e da gordurosa e oleosa comida dos dogmas e doutrinas." Como eu iria descobrir, o silêncio é ainda largamente valorizado no mundo do teatro e da música, e também na prática da psicoterapia, mas em nossas igrejas é quase sempre afogado em uma torrente incessante de palavras e músicas.

Na Índia, ao contrário, a tradição do silêncio nunca perdeu seu brilho. As antigas escrituras hindus que são as raízes – as *Upanishads* (que significam sentar aos pés do guru) e as *Vedas* – foram escritas séculos antes do nascimento de Cristo e são o resultado da solidão e do silêncio de uma multidão de *rishis* – ou homens sábios.

"Muito dessa sabedoria foi escrita em nossos grandes livros, os Vedas, as escrituras originais [disse Ravi Rao]. Há quatro deles e todos vieram do silêncio. Não foram escritos apenas por uma pessoa. Os autores, os *rishis*, foram para as montanhas, florestas e cavernas e meditaram em silêncio, pensando sobre a vida e suas experiências, e sobre questões básicas como 'Quem sou eu?' e 'De onde veio o mundo?'

Tudo veio de um processo de pensar, não foi baseado em nada dito de modo dogmático. Não nasceu da pregação de ninguém. Os *vedas* e os *upanishads* são produtos da mente procurando pela verdade."

"Os *rishis* [concordou Rajmohan Gandhi, neto do Mahatma] descobriram a verdade deles em silêncio, mas um silêncio misturado à curiosidade sobre a natureza da verdade, a natureza da vida, a natureza do mundo, e diferentes *rishis* chegaram a conclusões diferentes."

"Toda aquela reflexão e contemplação acumuladas não produziram um corpo unificado de doutrina. Os vedas e upanishads oferecem explicações alternativas para essas imensas questões. Sim, é *à la carte* e não *table d'hôte*. A tradição espiritual indiana é cheia de debates apaixonados e, às vezes, violentos, e o que chegou a nós é uma variedade de explicações entre as quais podemos selecionar e escolher!"

Os vedas eram muito diferentes dos livros sagrados islâmicos e cristãos, disse Om Prakash, um homem de negócios indiano. "Eles não eram falados por um mensageiro, como Jesus ou Maomé; as verdades que nossos videntes nos oferecem não foram emitidas como mandamentos. Elas não eram sermões como o Sermão da Montanha e não diziam 'você tem de fazer isso, mas não aquilo'. Os videntes simplesmente apresentavam as verdades que tinham visto."

O mesmo espírito é evidente no *Bhagavadgita*, o mais famoso dos textos sagrados hindus, escrito cerca de 200 a.C. "Não há fazer e não fazer no Gita [observou uma religiosa hindu que encontrei]. Há sempre três opiniões – boa, melhor e melhor ainda, e ruim, muito ruim e ainda pior – e cabe a você escolher. É muito diferente do Alcorão e da Bíblia."

"Depois do discurso entre o divino Krishna e o príncipe guerreiro Arjuna, Krishna diz a Arjuna: 'Eu expliquei o conhecimento a você, e agora é melhor que você decida. Se você não conseguir tomar uma decisão, pergunte a alguém que entenda melhor e, então, se for imprescindível, volte a mim'. Assim como em todos os 10.000 versos das Vedas, no Gita não há mandamentos."

Muitos hindus, continuou a religiosa, eram ligados às suas tradições de outra maneira. "Nos ensinaram [disse] que nossos antepassados eram *rishis* e que cada família descendente é conectada a um *rishi* em particular. Quando alguém pergunta: 'Qual é seu *gotra*?', é o mesmo que perguntar: 'A qual *rishi* você está conectado e de quais *rishis* descende?'" É possível que isso não seja muito diferente da ideia dos santos padroeiros.

A prática do silêncio pode revelar-se a salvação para hindus devotos, como o homem de negócios Om Prakash. Quando o conheci, ele havia acabado de passar alguns dias em um *ashram* num remoto vilarejo dos Himalaias.

"Sou um homem ocidentalizado [disse]. Estudei num colégio jesuíta americano. Isso moldou fortemente minha vida. Quando voltei para casa, descobri que meu tio, que fundou o negócio de máquinas de chá na Índia, havia endeusado a laboriosidade. Ele colocou *slogans* pela fábrica que diziam: 'Trabalho é devoção'.

Isso também me afastou da essência de meu ser, e eu me transformei em uma pessoa programável, utilizável. Meu problema sempre foi hiperatividade, velocidade e barulho. Isso não foi apenas consequência dos negócios, é parte de minha natureza.

Minha inquietação me assustava e criava problemas para os outros, mas a companhia queria os frutos dessa inquietação. Era tudo na cabeça e meu tio desencorajava qualquer coisa que tivesse a ver com o coração porque não acreditava que fosse útil."

A ideia de valorizar a cabeça em vez do coração, acrescentou ele, era um conceito ocidental, e "passou a ser superposta em nossa cultura porque produzia o material que chamamos de mercadorias. Ficamos enfeitiçados por isso". (E ainda estamos, tive vontade de acrescentar, tendo visto o que acontece em cidades como Bombaim.)

Então, há quase 40 anos, ele encontrou a ideia da meditação silenciosa, que logo produziu um tipo de fruto muito diferente. "Estávamos no auge de um conflito de 8 anos e meio com nossos trabalhadores. Meu tio teve então um ataque cardíaco e eu rezava por sua recuperação quando subitamente me veio à mente o pensamento: 'você alguma vez rezou por aquele instalador que você sabe que está doente há seis meses?'"

"Eu viera a acreditar que há magia na obediência incondicional a intuições desse tipo e, assim, saí da sala de orações e fui direto para a casa do instalador, implorei por seu perdão, disse a ele que precisava conseguir tratamento – e me ofereci para pagá-lo.

As notícias sobre o ocorrido se espalharam como fogo na fábrica. Eu tinha permitido a meu coração que se sobrepusesse à minha cabeça pela primeira vez. O instalador não disse nada, mas o fato fez com que a disputa acabasse. Convidei o chefe do sindicato e seus colegas para virem à minha casa tomar um chá. Antes disso, eu tinha medo dele.

Eles tinham nada menos do que 32 exigências, e pedi a ele que listasse aquelas que julgava realmente legítimas. Prometi que lutaria para que fossem aceitas. A disputa se resolveu em dias."

O silêncio, Om Prakash prosseguiu, não tinha sido fácil para ele. Era a antítese de tudo a que estava acostumado. "Antigamente, eu costumava ficar tão carregado que tinha que deixar tudo para ir descansar. Mas os *rishis* perceberam, há muito tempo, que temos de encarar nossa natureza, e tentarmos lidar com ela, em silêncio. De que outro modo isso poderia ser feito?

Praticar o silêncio todos os dias, como faço agora, não significa que me tornei um vegetal. Significa que tento evitar todos os tipos de atividade compulsiva, física e mental, ou até mesmo pensamentos que surgem um atrás do outro."

Para isso, ele passa 1h30min todos os dias, de manhã e à noite, em completo silêncio. Começa com 38 exercícios que tensionam e relaxam várias partes do corpo. Isso, ele afirma, o deixa pronto para a meditação. Daí tenta parar sua mente observando sua respiração entrar e sair. Finalmente, usa uma técnica ancestral de yoga, originária da sabedoria Veda, que vem sendo transmitida de guru a guru. Depois senta em silêncio. "Se não fizesse isso [afirma], seria como preparar uma refeição e não comê-la!"

"Minha oração, todos os dias antes de começar é 'Pai do Céu, Mãe Divina, Amigo, Deus Amado, Jesus Cristo e os santos e profetas de todas as eras, eu reverencio todos vocês. Conduzam-me da ignorância à sabedoria, da inquietude à paz, do desejo ao contentamento'.

Então peço que me sejam dadas as bênçãos da saúde, da vitalidade e do profundo silêncio interior, para que com isso eu possa experimentar a bem-aventurança e compartilhá-la com outros. Sim, eu espero que Deus fale comigo, mas isso vem na forma de intuições. Não vem do exterior, mas com o que há de melhor de dentro de nós. O silêncio estimula esse seu lado."

Ele listou os frutos do silêncio que havia experimentado. Um corpo silencioso, disse ele, "é como uma casa bem conservada – limpa, organizada e arejada". Uma mente silenciosa está "livre de mim e de meus e minhas, de gostos e não gostos, de ódios e dores, de atrações e aversões". O coração silencioso está "repleto de amor, gratidão, generosidade, perdão e compaixão". O intelecto silencioso está "livre de dogmas, obsessões e *ismos*.

Essas quatro coisas [disse] conduzem-no ao templo do silêncio e foi isso o que experimentei. Você pode chamar esse templo de Reino de Deus, se quiser, um lugar em que todas as coisas são acrescentadas a você. Se essas quatro coisas não são o Reino de Deus, gostaria de saber o que é!"

Em todas as viagens que fiz para este livro, não conheci ninguém mais fervoroso, nenhum defensor mais convicto (e mais convincente) do que Om Prakash. É difícil argumentar contra seu fervor, e o preço que ele paga em termos de disciplina diária. Ele parece ser um humano feliz, sereno e realizado. Certamente é um homem de negócios bastante incomum.

Prakash é também uma prova viva de que o que os *rishis* transmitiram não se perdeu totalmente. Sua história é uma ilustração perfeita da natureza de escolhas e combinações do hinduísmo.

Os encontros com o Maulana e com os benfeitores inspirados no sufi do subúrbio de Nizamuddin estimularam meu apetite para saber mais sobre eles, esses místicos muçulmanos que acreditam que Deus está dentro de nós e que o melhor meio de contatá-lo é por meio do silêncio. Naquela etapa não me havia ocorrido que seria possível encontrar um sufi ainda vivo.

Liguei para Wajahat Habibullah, membro de uma das famílias muçulmanas mais notáveis da Índia e ex-comissário de informação do país. Homem muito culto e profundamente espiritual, Habibullah vive numa confortável casa de campo no bairro residencial de Lodi, onde muitas celebridades de Déli têm casa. É óbvio que ele não é anglofóbico. Há uma foto do chalé de Anne Hathaway na varanda e cenas inglesas, de caçadas de raposa, na sala.

Como ficou claro, sua esposa é descendente direta de Baba Fareed, um venerado sufi que vive perto de Lahore; e o próprio Wajahat tem grande respeito por um sufi de Lucknow que costumava visitar seu bisavô nas décadas de 1860 e de 1870.

Havia, disse ele, uma tendência no Islã moderno que reivindicava que a tradição sufi não era nada mais do que uma fraude reacionária, uma heresia a ser despachada, e que os muçulmanos deveriam voltar a um Islã mais genuíno, porém isso em nada o influenciou. Um de seus associados, Nizam Khan, que estava conosco e havia talvez sido convidado porque tinha excelentes conexões com o universo sufi, deixou claro que estava totalmente de acordo com a visão de Habibullah.

Habibullah é, na verdade, presidente do truste que leva seu nome sufi; e, apenas para ilustrar até que ponto os indianos têm liberdade para tomar suas próprias decisões a respeito das coisas, ele acrescentou que não tinha sequer autoridade para me convidar a visitar o santuário sufi. Eu tinha, como explicou, que "receber o chamado" eu mesmo.

Segundo ele, milhões de indianos ainda visitam o santuário sufi todos os anos. O mais popular desses santuários abriga o cabelo do Profeta. A tradição sufi ainda estava muito ativa na Índia, embora não no Paquistão, onde as ideias sufi eram vistas como baboseira.

A tradição sufi, prosseguiu Habibullah, havia começado nos séculos VII e VIII, na época em que os grandes impérios muçulmanos – as dinastias Umayyad e Abbasid – controlavam grande parte do Oriente Médio e, mais tarde, o Sul da Europa.

Os muçulmanos de uma inclinação mais espiritual, entretanto, decidiram, então, que não queriam ter nada a ver com cortes e califas. Se fossem às cortes, teriam de reverenciar o soberano, quando sentiam que deveriam reverenciar apenas a Deus. Com isso, afastaram-se da vida mundana e adotaram uma filosofia voltada para servir às pessoas, porque sentiram que isso era o que Deus os havia direcionado a fazer.

Ascetas, sempre viveram na pobreza – *suf* é um tecido grosseiro de lã com o qual os sufis se vestem para mostrar que não estão interessados nas coisas refinadas do mundo – e eles tendem a ser homens de pouquíssimas palavras.

O Sr. Khan, Habibullah prosseguiu, muitas vezes o levara para ver um sufi – Baba Gurib Shah Sabir Shishti Rahmatulla, que significa O Abençoado – que vive a cerca de 160km de Déli, e "quando estávamos com ele, Khan quase não falava comigo. Não havia palavras, falávamos um com o outro sem elas. Ele costumava ficar sentado em uma almofada e fazia um sinal indicando que eu me sentasse a seu lado. Fazendo isso, ele estava falando". Era, na verdade, um sinal de um favor particular.

Os sufis, disse Habibullah, simplesmente mantinham o silêncio. Ninguém podia falar com eles, mas embora não fizessem proselitismo com palavras, muitas das pessoas que os conheciam tornavam-se muçulmanos. Eles tinham a qualidade da santidade. Khan claramente tinha o mesmo tipo de fervor que os adeptos. O sufi, disse ele, falava com seus seguidores por meio dos olhos e do coração e não com palavras.

Quando você está diante de um sufi vivo, não o olha no rosto, seus seguidores somente olham para seus pés. Podiam *sentir* o que ele tinha a dizer. Perguntei quantos desses sufis ainda existiam hoje na Índia. "Talvez 20 ou 25" [respondeu ele]. Pensando na área de Déli, havia um em Nizamuddin, outro no subúrbio de Mehrauli e um terceiro próximo ao Hotel Ashok.

À medida que ele falava, ocorreu-me que talvez me fosse possível ver um desses homens, ou até mesmo falar com eles. Perguntei quanto tempo demoraria para organizar um encontro. "Cerca de três dias" [respondeu Habibullah]. Bem, disse eu, então não há nada a fazer, porque eu estava saindo de Déli na tarde do dia seguinte.

O Sr. Khan franziu os lábios. Talvez Kale Baba – o que significa Santo Negro – *talvez* ele concordasse em me ver, mesmo diante de prazo tão curto, e se assim fosse seria apenas porque Habibullah certa vez tinha dado alguns pombos para o santuário em que ele vivia.

Felizmente Kale Baba aceitou me receber, e então, na manhã seguinte, achei-me a caminho de Mehrauli no pequeno carro do Sr. Khan. A cerca de 100m da entrada do santuário, tivemos que tirar nossos sapatos. Como fazia um frio cortante, fiquei feliz de poder pelo menos conservar minhas meias. O Sr. Khan, no entanto, foi descalço.

O local era claramente uma favela, e pobres suplicantes amontoavam-se contra os muros da estrada pavimentada de chegada. Olhos escuros espiavam-nos por baixo dos lenços nas cabeças.

À medida que nos aproximávamos da entrada, o Sr. Khan fazia muitas reverências e beijava o solo. Fomos recebidos por um homem que, segundo soubemos mais tarde, era um coletor de doações. Esse senhor me disse que os sufis eram homens a quem Deus falava em silêncio.

Um guardião do santuário avisou-me que, com a cabeça descoberta, eu não poderia me aproximar dos túmulos dos 18 sufis ali enterrados. Ofereceu-me então um boné branco que mais parecia o chapéu de um ajudante de garçom em uma rede de *fast-food*.

O Sr. Khan indicou que deveríamos prestar uma homenagem às sepulturas antes de vermos Kale Baba. A primeira e maior delas, que contém os restos do mais importante dos 18 sufis, Syed Qutabuddin Bakhtiar Kaki, é na verdade magnificente. São $5m^2$ sob um domo alto de vidro prateado, coberto com um sudário de pano verde sobre o qual tinham sido espalhadas flores vermelhas e brancas.

O Sr. Khan deu-me um ramo de flores para que eu as pudesse acrescentar às outras e também ofereceu-me uma pétala de rosa para comer. Enquanto isso caminhava lentamente ao redor do túmulo, beijando os pilares dourados que seguravam o domo. Outros homens ajoelhavam-se e oravam fervorosamente para receber as bênçãos do sufi morto. Centenas de pombos voavam sem parar ao redor do pátio.

O Sr. Kahn então me mostrou uma placa de mármore na parede e, junto a ela, uma porta trancada de madeira pintada de verde. Era onde Baba Fareed costumava orar e, apontando a porta, disse que aquela era a entrada para seu pequeno claustro. Ao sairmos dos túmulos, ele mostrou que eu deveria andar para trás, como uma pessoa fazia depois de uma audiência com a rainha. Nenhum sepulcro cristão poderia evocar maior reverência ou devoção.

Era chegado o momento de esperar por Kale Baba que, felizmente, como se verificou, estava disposto a falar com outras pessoas, mesmo estranhas. Subimos alguns degraus de mármore e, chegando a um pequeno pátio, lá estava o sufi sentado com as pernas cruzadas numa almofada com um fogo elétrico de uma única barra para protegê-lo do frio congelante. Sua barba era rala e vestia um manto cinza. Um lenço amarelo envolvia-lhe a cabeça. Seus olhos eram negros, ardentes e penetrantes. Era fácil compreender porque o Sr. Khan dissera mais cedo que Kale Baba era conhecido por ter súbitos acessos de raiva.

Quando não consegui me sentar sobre as pernas cruzadas, e, em vez disso, estendi as pernas em sua direção, Kale Baba olhou-me com profundo desagrado e fez um gesto para que eu afastasse meus pés. Mas em seguida compadeceu-se de mim o suficiente para me oferecer uma xícara de chá.

Havia dois discípulos com ele, e um deles era um doutor que falava um pouco de inglês. Kale Baba tem 85 anos e, como logo deixou claro, está plenamente satisfeito com seu vigor e saúde. Para minha surpresa, ele beliscou a pele nas costas de uma de minhas mãos até que eu sentisse dor, olhou com desdém para o resultado e fez o mesmo com a própria mão, indicando – por meio do intérprete – que eu certamente estava envelhecendo mais rápido do que ele. Pensei comigo mesmo se ele não estaria indicando que a disparidade evidente entre nós era resultado de causas espirituais.

De qualquer maneira, ele fez a mesma coisa duas vezes para ter certeza de que eu entendera a ideia. Falou então que quando tinha 22 anos, havia feito o *haj* inteiro, de Mehrauli a Meca, a pé, uma viagem que tinha durado 6 anos no total. Seu nome verdadeiro, explicou o doutor, era Mohammed Sharif Shishti. Kale Baba era somente seu apelido.

O sufi nunca havia se casado, continuou o doutor, e "não permitia a presença de nenhuma mulher naquela área. É claro, ele ora por elas, mas não permite que venham aqui perto". O doutor continuou então, fazendo uma lista das virtudes do sufi. "Ele trata a todos da mesma maneira, sejam eles reis ou pedintes. Para ele, todas as pessoas são iguais. Nunca vai à casa de outras pessoas mesmo que seja convidado." O próprio doutor vinha ver Kale Baba há 18 anos, mas o sufi jamais estivera em sua casa.

Sua vida inteira era dedicada a Deus. Quando viera pela primeira vez a esse lugar, estava completamente destruído, mas agora tinha conseguido uma nova mesquita, que ele mesmo havia pintado. "Ele vai orar por você também."

Perguntei ao sufi qual era o valor do silêncio. "Somente quando as pessoas não estão pensando em coisas materiais é que a paz virá até elas [replicou]. Deixei o mundo, mas não a humanidade e posso guiar as pessoas para a paz. O amor é um tipo de paz [acrescentou]."

Deus havia falado com ele? "Claro [respondeu]. Quando rezo, esqueço de mim inteiramente, e sinto que Deus está aqui, na minha frente. Não, nunca ouvi uma voz, mas pensamentos podem ser Deus também, e eles vêm a mim em silêncio. Quando Deus está feliz, o que um sufi diz com sua língua são as palavras de Deus."

A audiência tinha chegado ao fim. De novo, Kale Baba pareceu se divertir ao ver que eu tinha dificuldade em me levantar da minha desacostumada posição agachada, e demonstrou que ele não tinha essa dificuldade.

"Você tem muita sorte de ter visto Kale Baba [o Sr. Khan me garantiu]. Deus já abriu um caminho para você." O sufi apertou minha mão. Ele tinha uma pegada como a de uma prensa. Novamente, o Sr. Khan indicou que eu deveria andar para trás quando saímos. Aquele fora um encontro de alguma maneira estimulante.

Absolutamente no momento exato, o coletor de doações apareceu e nos convidou para o que poderia ser descrito como um chá com segundas intenções. Ele logo mostrou um livro no qual as doações de visitantes anteriores eram meticulosamente registradas.

Quando lhe ofereci 100 rúpias, ele mostrou desprazer. A maioria, indicou, dera 200 ou 500. Com vergonha, ofereci 500, pouco ainda quando pensei nos pobres esperando no portão do santuário. "Que Deus aceite seu presente [disse ele humildemente]. Assim que saímos, o Sr. Khan murmurou que o coletor não era um *baba pleno*, na melhor das hipóteses era apenas meio-*baba*. Os sufis, por outro lado, estavam entre os superpoderosos do mundo.

Fui embora refletindo que Kale Baba não era certamente um homem feito para agradar e que santos podem vir com muitos disfarces.

3

Homens santos, e mulheres

Pouquíssimos países podem se gabar de ter homens santos que atraiam multidões tão grandes, se não maiores, do que qualquer estrela do *rock*. A Índia é um deles. É ainda mais surpreendente porque os indianos virão, com grande regularidade e em números enormes, não para ouvir uma música estimulante ou um pastor que fale sobre o fogo do inferno, mas sim para escutar uma história – e uma história com uma mensagem moral, espiritual ou social.

Pode ser uma história tecida em torno da vida do Deus Krishna ou da vida de Mahatma Gandhi; mas um dos mais populares e confiáveis contadores de história entre os homens santos da Índia, Morari Bapu (Bapu significa simplesmente pai espiritual) usa em seu texto uma versão do Ramayana, um poema antigo e épico que é, provavelmente, o livro favorito da maioria dos hindus.

A versão que ele usa é obra de um grande poeta indiano do século XVII, Tulsi Das, e reconta as aventuras de Ram, um príncipe que é a encarnação do Deus Vishnu, e de sua esposa, Sifa. Seus contos despertam tanto a imaginação hindu que ouvi-los recontados numa *katha*, ou contação de histórias, é de muitas maneiras um tipo de evento religioso.

As *kathas* de Morari Bapu duram não menos de nove dias e podem atrair centenas de milhares de pessoas. Grandes pavilhões de lona são montados, com frequência, em áridos pedaços de terreno aberto – no verão eles são equipados com ventiladores – e, por ou 4h, todas as manhãs, ele conta uma pequena sessão do épico e reflete sobre ela de tal maneira que grande parte de sua audiência mergulha de novo na trama. Ao longo dos nove dias, ele cobre a história inteira.

No fim de cada sessão, a vasta multidão é alimentada com simples comida indiana – arroz, dal (prato da culinária indiana normalmente feito com lentilhas) e curry de vegetais. Nenhuma arrecadação é feita. As pessoas que o convidam para fazer a *katha* pagam as despesas.

Logo após o almoço, a multidão se dispersa, muitas vezes para retornar no dia seguinte. Um cínico talvez diga que eles voltaram apenas para uma refeição gratuita. Se é por isso, ouvir um discurso daquela duração, enquanto ficam agachados num tapete ou lençol no chão, é um alto preço a ser pago. Na verdade, não existe almoço de graça.

Para uma pessoa aparentemente tão eloquente quanto Morari Bapu, a ironia, como descobri quando tentei achá-lo num dos mais remotos subúrbios de Bombaim, é que ele dá um valor extraordinário ao silêncio.

Cheguei ao prédio de apartamentos, onde me haviam dito que ele ficava, e encontrei meia dúzia de homens montando um pequeno pavilhão colorido no quintal para um evento que seria realizado mais tarde naquele dia. Um deles disse-me que havia mais de meio milhão de pessoas em sua última *katha* em Gujerat, mas, uma vez que aqueles eram devotos pagos, encarei aquela cifra com bastante ceticismo.

Eles todos, contudo, transpiravam uma atrativa mistura de reverência e entusiástico bom humor, bem diferente da sintética credulidade que encontrei em alguns encontros evangélicos cristãos.

Com tantas pessoas já ali, e outras chegando continuamente, comecei a me perguntar, enquanto esperava, se o encontro com Bapu seria algo como um evento de multidão e não a conversa um a um que esperava que fosse.

Não precisava, porém, ter me preocupado. Fui levado para a cobertura de um prédio e descobri que ele já estava me esperando numa espreguiçadeira de dois lugares no jardim, com um toldo a protegê-lo do sol. Ele estava vestido todo de branco, o cabelo era curto e grisalho e a barba cinza-chumbo fora bem escaneada. Aos 65 anos, parecia o retrato de uma boa saúde radiante.

Bapu não transmitia altivez, tinha a mais honesta das faces e, enquanto falávamos, deu-me a impressão de ser um homem atencioso e modesto, sem aquele envoltório de falsa santidade que é tão comum entre os gurus indianos.

Desde a adolescência Bapu vinha contando sua versão do Ramayana e agora mantinha *kathas* nos Estados Unidos e na Austrália (com números muito menores), assim como por toda a Índia. Seu carisma e óbvias habilidades como contador de histórias ainda atraíam multidões em números imensos. Por que todos eles vêm é um mistério para mim. Os indianos talvez apreciem uma história, particularmente uma história familiar e adorada – mas por nove dias?

Será que tinha a ver com o fato de – segundo aqueles que assistiam às *khatas* – Morari Bapu não exigir nada de sua audiência? Ele não lhes diz que devem viver de uma certa maneira, ir todos os dias ao templo, dar dinheiro para caridade (ou para ele mesmo). Em outras palavras, ele não deseja converter ninguém.

O que ele faz, em seu comentário sobre a história do Ramayana é dar exemplos do melhor jeito de viver, como ser um bom ser humano. "Ele está mostrando à plateia como viver uma vida boa [disse-me sua filha Radhika], mas da maneira indiana, sem dizer que você tem que fazer isso ou aquilo.

Além disso [prosseguiu Radhika], ele diz às pessoas que elas não têm de vir aqui todos os dias e que, se dormirem enquanto ele fala, não há nenhum problema." Por isso eles vêm, sentar aos seus pés e obter as supostas bênçãos de estar perto de um homem santo que transmite uma sensação de paz.

De muitas maneiras, a conversa que se seguiu foi tão misteriosa quanto a ideia de meio milhão de pessoas aparecerem para ouvir uma história e as reflexões de um homem santo sobre ela. Morari

Bapu deu-me a impressão de que, por mais que ele o reverencie, o silêncio ainda é um grande mistério para ele, um mistério que ele ainda está explorando e para o qual não tem todas as respostas.

Sábado, disse, sempre era um dia silencioso para ele. Também mantinha silêncio por um longo tempo de manhã cedo nos dias em que faria uma *katha*, e igualmente depois do encontro. Além disso escolhia um mês por ano, quase sempre agosto, para permanecer em silêncio.

"Muitas vezes recebo pessoas nesse período" [afirmou], mas quando elas vêm, não falo nada." Perguntei se elas não achavam isso um pouco constrangedor. "Ao contrário [replicou ele], quando estou em silêncio, elas também se calam. É uma infecção saudável!"

Quando você fica em silêncio por muito tempo, seja o que for que esteja em sua mente tem a chance de se aquietar, e a sujeira é lavada. Mas, acrescentou ele, você nunca deve *tentar* fazer isso acontecer. O silêncio significa não esforço. "Se você se esforçar, isso vai interferir no silêncio." Ele citou um poema de Tulsi Das que diz que, numa via estreita, não há espaço para nada mais. O mesmo deve se aplicar ao silêncio.

Nesse momento, 20 ou 30 de seus seguidores haviam chegado no terraço e, conforme a conversa prosseguia, muitos deles apareceram com traduções alternativas para suas respostas. Talvez estivessem na presença do guru, mas isso não os inibia de maneira alguma.

Quando ele começou a praticar o silêncio 30 anos atrás, disse Bapu, os barulhos exteriores o perturbavam. A primeira etapa vencida aconteceu quando eles pararam de abalá-lo. Mas as vozes, as vozes *de dentro*, ainda o agitavam. Depois elas também pararam. Finalmente, houve uma terceira etapa em que ele começou a experimentar uma quietude completa, dentro e fora de si mesmo.

Mas não era sua intenção fazer que o processo parecesse suave ou sem esforço. Houve armadilhas e riscos na entrega ao silêncio da maneira como o fizera. "Há um sério perigo [disse] de que, quando a pessoa atinja esse estágio – mesmo que seja um santo –, ela fique louca."

Questionei-o sobre como ele tinha lidado com esse perigo. "Nesses momentos [replicou] eu preciso da graça do Senhor ou, como eu diria, da Existência. Isso é muito necessário para manter-se equilibrado. É a graça que ajusta o equilíbrio." É possível que monges eremitas digam a mesma coisa.

Claramente essas não eram respostas insinceras que Bapu tivesse já ensaiado uma dúzia de vezes. Ele estava compartilhando o lado escuro de sua própria experiência.

Apesar dessas ressalvas, ele sentia que Deus, ou a Existência, havia se comunicado com ele pelo silêncio? "O silêncio [respondeu], é a porta através da qual Deus pode entrar. Se você estiver sempre falando, falando, você fecha essa porta, mesmo que Ele amasse vir. Mas, a meu ver, silêncio é silêncio, deve ser puro e ininterrupto, e tenho tanto respeito por seu poder que, se Ele vem, sinto que estou sendo interrompido."

A noção de Deus como um tipo não bem-vindo de intruso soou estranha para mim. Por que cargas d'água, perguntei, ele sentia que estava sendo interrompido? A resposta foi franca e descompromissada. "Tenho tanto respeito pelo silêncio que, quando estou absorvido por ele, não preciso de nada mais."

E o que ele tinha a dizer sobre Gandhi e sua forma de falar que tinha sido inspirado por uma voz interior, uma voz que deu a ele a ideia da Marcha do Sal e, em uma ocasião notável, havia lhe dito claramente que ele devia jejuar? Quando Gandhi perguntou sobre quanto tempo deveria fazer jejum, a voz respondera também de modo claro: "21 dias".

Morari Bapu mexeu a cabeça. Disse que nunca tivera aquela experiência. Aqueles que haviam conduzido uma nação precisavam de uma espécie de inspiração para ajudar outras pessoas. Ele não estava, deixou implícito, no mesmo nível de Gandhi. Mas seu próprio silêncio não era uma questão pétrea, ele fluía, e ele acreditava que por meio de seu silêncio outras pessoas podiam sentir sua alegria e o amor e o carinho que ele sentia por elas.

Como, entretanto, ele conseguiu se manter humilde quando centenas de milhares de pessoas vinham ouvi-lo? Ele sorriu. “Elas vêm porque sou simples e normal, mas eu não sei como permaneço humilde” [disse]. Ele tentava constantemente deixar claro para as pessoas que não queria converter ninguém a seu modo de pensar.

Eu disse que tinha ficado impressionado por ele ter afirmado não saber como permanecia humilde. Era a mesma resposta que o Dalai Lama dera quando alguém lhe perguntou qual era, em sua opinião, a melhor religião. Ele também respondera que não sabia. (Questionei-me se ouviria essa mesma resposta se alguém tivesse feito a mesma pergunta ao papa ou ao arcebispo de Canterbury.)

“Temos livros sagrados e um dos Upanishads diz que aqueles que afirmam saber, não sabem nada, mas aqueles que dizem não saber sabem tudo” [disse Bapu].

Quando ele estava falando numa *katha*, continuou, coisas extraordinárias aconteciam com frequência, coisas que ele não afirmava entender. “Não estou 100% certo, mas quando falo continuamente por 3 ou 4h, muitas vezes sinto como se estivesse num estado de silêncio.” Como, afinal, ele explicava uma coisa dessas?

Místicos sufi, explicou, experimentavam a mesma coisa. Eles estariam falando com seus discípulos, mas tinham a sensação de que outro alguém estava falando por meio deles. Ele tinha sentido o mesmo. Isso era tão misterioso para ele quanto seria para mim. O silêncio pode parecer o vazio, embora seja a coisa mais importante do mundo.

Aqui estava um homem santo sem pretensão ou malícia, que não fazia qualquer reivindicação extravagante para si mesmo e que não professava saber todas as respostas. Ele estava muito longe do superguru autopromovedor que eu havia esperado. Um indiano honesto, ou era isso o que a mim parecia.

Há outros indianos honestos que não sonhariam chamar-se a si mesmos homens santos, mas que praticam o silêncio de uma maneira menos intensiva. Rajmohan Gandhi, que atualmente leciona numa universidade do centro-oeste americano e é o autor de uma excelente biografia de seu avô, o Mahatma, é um deles.

"Quando entro em um período de silêncio, o que não é frequente nem demora muito tempo, talvez 5, 10 ou 20min [disse ele], nos primeiros momentos estou ciente dos fardos e ansiedades, e por isso esses momentos iniciais são frequentemente perturbadores. Quase sempre, porém, esses sentimentos diminuem e alguma coisa muito diferente predomina – uma sensação de paz, calma e, muitas vezes, de segurança.

Muitas vezes, também, surge uma sensação de compaixão e eu começo a pensar sobre outras pessoas de uma maneira bondosa, não como se elas fossem um fardo para mim. Pessoas a quem você gostaria que boas coisas acontecessem, você pensa o que você poderia fazer por elas. E então o silêncio passa a ser uma fonte de paz, de esperança e de força.

Há momentos em que sinto o silêncio como um meio de comunicação melhor do que as palavras faladas ou escritas. Não sei, mas nele sinto-me próximo às pessoas, unidade com elas, sensibilidade a elas. Ainda estou tentando entender, mas acho que é porque, de algum modo, é uma questão de três vias – Deus e outras pessoas e eu. Talvez, com uma abertura a Deus, a conexão com os outros se torne mais forte. Tenho uma percepção mais aguda delas do que se estivéssemos falando.

Naquele silêncio, muitos de meus preconceitos e preconcepções esvaem-se. Parece que vejo outras pessoas mais claramente e com mais respeito, e torno-me mais consciente de suas virtudes e capacidades sobre as quais havia estado confuso antes.

Deixei de me perguntar se algum de meus pensamentos vêm de Deus. Minha procura é por saber se meus pensamentos são bons, corretos e úteis, e não se eles vêm dele. Se você me pressionar, imagino que às vezes eles venham de Deus, mas essa não é uma afirmação que eu gostaria de fazer.

Na verdade, normalmente tenho meus pensamentos mais inspirados quando estou caminhando e refletindo, o que me surpreende porque, enquanto caminho, também tenho que me concentrar em ter certeza de que vou na direção certa e evitar o gelo para não cair e quebrar o quadril. O número de vezes que a resolução de alguma questão histórica, acadêmica ou prática veio a mim com uma clareza inacreditável enquanto eu caminho é bastante surpreendente. Isso me acontece repetidamente.

Ocasionalmente, durante períodos de silêncio, pensei ter ouvido uma voz e talvez tenha sentido um toque no pulso duas ou três vezes. Que tipo de pessoa eu seria sem os meus momentos de silêncio? Muito mais confusa, muito mais insatisfeita, mais irritadiça. Nossa, sim, o silêncio é uma bênção! É subestimado e desconhecido, mas mesmo assim ainda está aqui, humilde e esperando para servir."

Os homens santos indianos tiveram vasta cobertura da imprensa, para o bem e para o mal. As mulheres santas tiveram menor repercussão. Estariam elas, perguntei-me, menos seguras sobre o valor do silêncio? Quem melhor para perguntar do que às 30 freiras hindus no *ashram* Paunar que foi fundado pela discípula mais importante de Gandhi, Vinoba Bhave, próximo a Wardha, no meio da Índia?

Não esperava que elas fossem menos entusiasmadas do que os homens com quem falei, mas estava bastante despreparado para a exuberância torrencial com que me receberam por lá.

Chegando de táxi, vindo de Nagpur, achei um grupo de prédios baixos ao redor de uma grande horta. Os votos de boas-vindas do homem que administrava o local, Gautam Bajaj, foram calorosos, mas fiquei um tanto chocado quando fui conduzido ao quarto de hóspedes.

Não havia toalha (somente se pedisse), nem água quente, nem espelho, nem papel higiênico, apenas uma lâmpada para iluminar e um austero e inflexível colchão de palha servindo de cama. Até mesmo o sabão era do tipo caseiro – que na versão comercializada, Bajaj explicou, muitas vezes continha sebo bovino.

Não havia nenhum tipo de mimo tampouco na sala de jantar. O café da manhã do dia seguinte consistia em uma substância fria parecida com semolina, os *chapattis* quebrados do dia anterior e uma pequena tigela de leite quente.

"Que comida bizarra!" [disse para a freira ao meu lado]. Ela sorriu. "É para auxiliar nossa prática espiritual" [replicou]. "Comida sagrada!" [emendou uma segunda freira]. Não achei, de jeito nenhum, aquilo muito convincente.

"Sei do que você está sentindo falta" [disse uma terceira senhora, bastante vivaz]. "Você precisa de uma xícara de chá" [e imediatamente fez uma para mim]. A maioria das freiras faz as refeições agachadas no chão, e todos, hóspedes incluídos, lavam seus próprios pratos, usando – acredite ou não – cinzas de madeira. Vivendo e aprendendo.

Cada uma das freiras faz os 11 votos prescritos por Mahatma Gandhi – celibato, pobreza voluntária, não violência e por aí vai –, mas elas não incluem um voto de obediência a alguma autoridade terrena maior. "Em nenhum lugar da Índia [disse uma freira] existe um voto de obediência. Nosso conceito de religião é o de que uma pessoa deve ser totalmente independente. A religião deve fazer você livre em todos os sentidos da palavra."

Mais tarde, uma freira mais idosa me puxou para o lado. "Você deveria saber [ela disse] que todas somos independentes aqui. Não há ninguém no comando, nenhum abade, nenhum diretor. Comemos onde queremos e vamos ou não aos locais de oração, conforme escolhemos. Temos completa liberdade."

É bastante diferente de qualquer regra monástica que jamais encontrara, mas parece funcionar. Nunca vi nenhum grupo de mulheres mais animado ou contente. O canto delas no escuro antes do amanhecer ainda ecoa em meus ouvidos.

Fui visitar uma freira especialmente entusiasmada, Pravina Desai, e conversamos sentados em seu pequeno jardim. Ela é filha de um advogado da Alta Corte e está em Paunar há 47 anos. Desde os 5 anos de idade, contou-me ela, tinha ansiado por ter um relacionamento real com Deus, e mal podia esperar para se tornar freira.

Os *rishis*, disse-me, definiram dois momentos ideais para a meditação em silêncio. O primeiro começa às 4h da manhã, cerca de 1h30min antes de o nascer do sol. Naquele instante, toda a ozonosfera – a camada da atmosfera onde o ozônio é formado – chega mais perto de nós, e o efeito é muito revigorante e refrescante. O segundo momento recomendado pelos *rishis* era entre 18h e 19h30min, quando é possível observar o pôr do sol.

"O que acontece nesses momentos [disse Pravina] depende de sua fé. Se temos fé em nós mesmos, aquela fé e confiança aumentam tremendamente enquanto você medita. Se você tem fé no universo, é dada a você coragem para ficar contra qualquer coisa que não seja adequada ou verdadeira.

O que acontece é o poder da alma, e você percebe que é Deus em seu corpo, alma e intelecto. Alguma coisa faísca, alguma coisa que não é terrena de jeito nenhum. Não é uma experiência sensual, mental ou emocional, e não tem nada a ver com a vida moderna. É um passo em um outro mundo."

Mas não era entediante apenas ficar sentado ali? "Entediante! [Explodiu Pravina] Minha nossa, você pode ficar um dia inteiro daquele jeito, é fascinante, encantador, delicioso, feliz. O silêncio é sempre mais feliz do que o discurso. Eu amo ficar sentada. Estou à espera dessas horas chegarem. Quando você medita da maneira correta, o silêncio sempre se comunica e é sempre virtuoso."

Aquele tampouco era um passatempo egoísta. Ela queria, disse, meditar para que, de um certo modo, a não violência viesse a ter um poder maior no mundo do que aqueles que podiam apertar o botão das armas nucleares. Era sempre essa sua oração.

Quanto a saber se Deus falou com ela, sempre tinha que pensar com cuidado sobre o que Ele fazia em seu sistema de pensamentos. Era bastante raro, para ela, ter intuições mas, quando as tinha, seguia-as cegamente. Podia acontecer no começo de algum grande projeto. Era simplesmente diferente de um pensamento comum, não pertencia a esse mundo, tinha uma qualidade sobrenatural.

"Nós, na Índia [continuou], acreditamos que haja uma noosfera (muitas vezes definida como a esfera do pensamento humano) e que nela é preservada a sabedoria espiritual e prática da humanidade, as lições que nossos antepassados – entre eles os grandes homens e mulheres do mundo – aprenderam. Quando você medita em silêncio, os frutos dessa sabedoria podem lhe ser transmitidos."

Em outras palavras, Pravina estava afirmando que ela – e, de fato, qualquer um que meditasse no espírito certo – poderia explorar a sabedoria herdada da raça humana. É, no mínimo, uma ideia extraordinária, mas a religiosa tem um conceito poético do silêncio e, aos poetas, é permitido ter noções extravagantes que, possivelmente tenham em si uma semente de verdade.

Nas escrituras indianas, ela afirmou, o silêncio não tinha apenas a ver com a fala, mas era uma qualidade da mente. Ela talvez falasse, mas, por dentro, deveria estar "como gelo, calma, doce e equilibrada". Esse equilíbrio, por sua vez, não era possível sem silêncio.

"O que nós vemos e sentimos com nossos sentidos é totalmente efêmero, sempre em fluxo contínuo. A verdade, por outro lado, é permanente, e é ela que devemos buscar. Se vamos fazer isso, silêncio e equilíbrio são cruciais – e, para mim, o silêncio é a coisa mais valiosa do mundo."

Ainda tentando ponderar o significado do que Pravina havia me dito, encontrei outra freira extraordinária chamada Usha, nome cujo significado é amanhecer. Aos 80 anos, ela tem uma calma e uma graciosidade impossíveis de não serem notadas. Como Pravina, ela tem poesia em seu espírito.

"O silêncio [começou] significa entrar na grande caverna do coração. Em silêncio, acho vislumbres de Deus, mas as palavras são muito débeis para expressá-los. Vinoba, sabe, praticou a prece silenciosa quando 100.000 pessoas estavam presentes. Ele o fez por anos. Nesse silêncio comum não havia problemas de religião, casta ou língua. A fórmula dele era M2A – duas partes de meditação, uma parte de ação."

Ela estivera pensando a respeito do livro que eu escrevia, e tinha pensado que o discurso que vem da meditação em silêncio tinha uma qualidade de eternidade. Não falar conquistava os sentidos, não pensar conquistava a mente e, quando a mente estava vazia, alguma coisa surgia e flutuava no ar. Quando não tínhamos desejos, nos fundíamos a Deus.

Usha então me introduziu a uma terceira freira que estivera recentemente em silêncio por um ano inteiro, e havia se comunicado com outras pessoas apenas pela escrita.

Ela era uma senhora quieta e bastante tímida, e lhe fiz a pergunta óbvia: Por que decidira se manter em silêncio por um período tão longo? "Não foi minha decisão [ela respondeu]. Senti essa voz que vem de dentro dizendo-me claramente que eu deveria manter total silêncio por um ano, não sei por que, talvez tenha alguma coisa a ver com meu desenvolvimento interior, mas aceitei porque senti que vinha dele."

"Por essa razão, não encontrei nenhuma dificuldade em fazê-lo. Se, por outro lado, eu tivesse decidido por mim mesma fazer isso, teria sido muito difícil. Às vezes, escuto a voz interior dizendo alguma coisa que não quero ouvir, mas sempre obedeço. Não é como um som, é difícil descrever, mas há uma qualidade diferente nela.

Um dia, 25 anos atrás, acordei numa manhã e senti a mesma presença. Curvou-se a mim e disse-me que, a partir daquele momento, eu jamais deveria tocar em dinheiro de novo. Aceitei, embora não tenha instinto natural nessa direção. Mais uma vez, era a voz interior, e achei fácil aceitar por essa razão.

Descobri que há intuições e há a voz interior. Intuições vêm com mais frequência, embora não sejam uma experiência diária para mim, e a voz só vem em momentos muito especiais. E sinto que ela precisa ser obedecida. Se decidir não colocar sal em minha comida [ela explicou] ela não me apoiaria por muito tempo." A voz interior é seu sal.

Antes de me deixar, a freira pediu-me que não mencionasse seu nome. O que compartilhou comigo, disse, não era um segredo, mas era sagrado.

Ao deixar Paunar, tive que admitir que comidas interessantes talvez não fossem tão importantes quanto eu imaginara.

4

TOCANDO COM SILÊNCIO

Como começar a falar sobre silêncio com pessoas cujas vidas inteiras parecem ser feitas para fazer barulho? Era certamente, pensei, a última coisa com que músicos e professores de música gostariam de gastar seu tempo. Mesmo assim, como ficou claro, o silêncio era algo sobre o qual estavam ansiosos por falar – e não somente como algo menor, um tópico periférico, mas como um elemento misterioso e quase mágico do qual depende toda a prática de sua arte.

Quando liguei para o Royal College of Music (Faculdade Real de Música), em Londres, para perguntar se alguém, qualquer pessoa, estaria interessado em falar sobre o lugar do silêncio na música, esperava uma resposta tépida, se houvesse. Não poderia estar mais errado. Em algumas horas, 15 docentes, professores e intérpretes responderam. Apressaram-se para expressar sua ânsia de falar sobre a importância do silêncio.

"Silêncio [disse Stephen Varcoe, um barítono que ensina canto no College] é extremamente importante na música. Não é apenas uma ausência de som. É a tela na qual a coisa toda é pintada.

O silêncio dentro da música [disse Roger Vignoles, um acompanhante que excursionou com Kiri te Kanawa] é incrivelmente importante. Silêncio sentido e compreendido de forma adequada por um intérprete leva a plateia a entender com mais profundidade o significado de uma obra do que as notas musicais."

"Na música [disse Julian Jacobson, um professor de piano e música de câmara] o silêncio é absolutamente vital. Não é a antimúsica, é uma parte essencial do discurso musical. Se não houvesse reverência ao silêncio, a música estaria morta, seria apenas um barulho contínuo."

Essa torrente de convicção não deixou espaço para dúvida de que o silêncio é crucialmente importante, ao menos na música clássica. Todos com quem falei no Royal College consideravam-no como algo muito, muito maior do que a mera ausência de som.

Sem exceção, todos eles falaram de modo quase reverente sobre um elemento que, para eles, é tão potente quanto as notas, e que precisa ser interpretado com sensitividade e delicadeza para que a música não perca sua alma. Em alguns momentos, pelo que diziam, parecia que o silêncio tinha vida própria, como se fosse uma presença e não simplesmente uma ausência.

"Sempre penso no silêncio como um canteiro de flores, um ambiente no qual coisas bonitas podem crescer [disse Mark Messenger, o titular de cordas no College]. O canteiro de flores da nossa época é cheio de pragas por causa da tagarelice que continua o tempo todo, mas numa sala de concertos, não existem pragas, é um dos poucos lugares no Ocidente em que você pode vivenciar um silêncio profundo. Lá, você tem chance de perceber a importância do silêncio do qual vem uma obra e para o qual ela vai.

O silêncio, antes e depois de uma *performance*, é parte integral de qualquer peça musical. A peça começa antes de a primeira nota ser tocada. Há a preparação, uma antecipação, um tipo de receptividade a algo incrível que está por acontecer – e um grande intérprete saberá instintivamente o exato momento em que a música deve começar."

Na experiência dele, disse Julian Jacobson, jovens intérpretes frequentemente começam a tocar muito cedo. Ele se lembra de ir a um concerto no Festival Hall nos anos de 1960 em que Sviatislav Richter ia tocar a sonata para piano de Liszt em si bemol. Era a primeira vez que tinham permitido a Richter vir ao Ocidente, e as entradas para o concerto foram todas vendidas.

"Richter entrou na sala [lembrou Jacobson] e sentou-se ao teclado por ao menos 3min antes de começar. De um certo modo, foi apavorante. Ele não iria começar até que estivesse totalmente preparado para tocar. Foi um alívio geral quando ele começou a tocar. Há somente um momento em que é certo começar."

E não se trata simplesmente de uma questão de saber quando quebrar o silêncio, porque aquele silêncio é igualmente um elemento crucial na música. "Algumas das melhores peças [disse Roger Vignoles] são na verdade representações do silêncio. Veja, por exemplo, uma das canções de Schubert *Der Doppelgänger* [O duplo], que começa com cordas longas e lentas na parte do piano."

"Logo em seguida o cantor entra com *Still ist die Nacht, Ruhen die Gasse* [A noite está tranquila, quietas as ruas] e, sempre que toco essa peça, estou profundamente consciente de que estou tocando um silêncio palpável. O pulso musical é como as batidas do coração e, quando essas batidas são suspensas, dão à música a qualidade de profundo silêncio.

Ao tocar aquela peça, o silêncio ao redor da música é vital. Se alguém derrubar o suporte da partitura naquele momento, o sentido completo da peça seria abalado. Quando toco a introdução da peça, estou, é claro, ouvindo o som que estou criando, mas estou também ouvindo com muita atenção o silêncio que o precede, e o silêncio criado pela plateia que envolve toda a ocasião.

Se estou ensaiando a canção em casa com um cantor, ambos estamos explorando e sentindo o silêncio que envolve a peça, mas aquele silêncio não é nada se comparado com a intensidade do silêncio ao redor, quando há 500 pessoas esperando com a respiração suspensa para ouvi-lo.

Nesse sentido, a música é inacreditavelmente intensificada pelo número de pessoas que a ouvem, e pelo silêncio que elas mesmas criam. Naquele silêncio, peças de comunicação complexas e profundas estão em curso todo o tempo entre os intérpretes e o público.

Intérpretes estão profundamente conscientes de suas audiências – e isso ocorre em virtude da *qualidade* do silêncio enquanto estão tocando. Muitos anos atrás, lembro que fazia um concerto matinal no Bath Festival, e o cantor e eu achávamos difícil, porque sentíamos que não teríamos nunca atenção total. Tudo que sabíamos era que ambos achávamos que a plateia não estava de verdade conosco.

Ao final do concerto, caminhamos pela sala em que estivéramos tocando. As pessoas diziam o quão fantástico e maravilhoso havia sido, e obviamente diziam a verdade. Então descobrimos que o prédio em que estivéramos tocando tinha uma estrutura de madeira, e como era um dia com ventos muito fortes havia rangidos contínuos. Percebemos que, subconscientemente, havíamos registrado os minúsculos rangidos como se fossem uma inquietação por parte do público."

Não é possível exagerar a importância dos silêncios dentro da música, prosseguiu ele. Não era apenas naquilo que chamamos de "pausa geral", quando todos estavam esperando por alguma coisa acontecer, mas na própria articulação da música.

"Vejamos, por exemplo, a passagem na obra de Mozart *Cosi fan Tutte*, na qual dois homens jovens, Ferrando e Guglielmo, vêm contar às duas garotas, Dorabella e Fiordiligi, que eles têm que ir para a guerra. Não é verdade, claro, é apenas parte de um enredo elaborado para testar a 'fidelidade' das garotas.

Eles entram no palco ao som dessa música hesitante pontuada por cordas orquestrais tocando *staccato;* e são as lacunas, as hesitações, os silêncios entre as cordas que expressam melhor as emoções que ali estão – a tristeza-simulada e a hesitação-simulada.

Esses são os tipos de silêncio mais comoventes. Se você não cuida dos silêncios entre as cordas, o resultado é monótono e sem sentido. Os silêncios são, na verdade, mais significativos do que as palavras ou as notas."

É exatamente a mesma coisa na música popular. Tom Wakeley, há mais de 20 anos professor de canto no Royal Academy of Dramatic Art (Academia Real de Arte Dramática), ilustrou esse ponto no piano. Ele cantou a linha de abertura da música que fez o nome de Judy Garland, "Somewhere over the Rainbow". "Agora [disse], se você não tem uma pausa depois disso e antes de cantar 'way up high', o efeito simplesmente não é o mesmo."

"Agora pense em uma canção do musical *The Life* com música de Cy Coleman. Começa com 'He's no good but I'm' e a seguir você *tem* de ter uma pausa antes de 'no good without him'. Naquele momento de silêncio, o processo de pensamento do cantor é transmitido para o público. Alguma coisa mágica acontece naquele momento de comunicação."

É em tal silêncio que a plateia é atraída mais profundamente para o interior da música. "O relacionamento deles com uma peça [disse o Prof. David Ward, que ensinou piano no Royal College por 40 anos] brota e floresce nos silêncios. Pela sua natureza, o silêncio suscita reflexão. Essa é uma das razões por que ele é tão potente. A música não é toda sobre o som."

O silêncio dentro da música, em outras palavras, é uma espécie de segunda linguagem, não menos potente do que a linguagem do som, e entendido tão claramente como a primeira linguagem pela plateia. Se essa segunda linguagem não é articulada tão bem quanto a primeira, então a interpretação será ou de segunda classe ou completamente fracassada. Em outras palavras, um bom intérprete precisa ser musicalmente bilíngue.

"Quando conversamos [disse Mark Messenger] há um padrão natural do discurso, a hesitação misturada com fluência, que sustenta o significado do que temos a dizer. Da mesma maneira, um grande compositor usa o silêncio como parte da narrativa musical. O problema aparece quando uma obra é tocada por pessoas que não são grandes intérpretes. Então os silêncios podem facilmente virar um espaço vazio em vez de uma parte da narrativa.

Uma das razões para isso é a compulsão dos músicos medíocres para contar a duração do silêncio em vez de senti-lo. Só desejo que os músicos tenham mais atenção ao modo como grandes atores usam o silêncio. Eles não *contam* o modo como o usam ao interpretar Shakespeare!"

"Pegue o último movimento do quarteto de cordas de Mozart em mi bemol maior. A figura de abertura do último movimento tem duas colcheias com uma pausa semínima, que são, então, repetidas. É frequente você escutá-las tocadas metricamente, de modo que as pausas são apenas um espaço em branco na música. Assim, o silêncio não significa nada. Silêncio não pode ser somente uma interpretação zelosa das notas, tem que ser uma parte plena do *espírito* da música."

Também tinha que ser tratado com flexibilidade, ou seus companheiros silenciosos nessa conversação musical – o público – ficariam menos do que encantados. "Assim que você começa a contar [prosseguiu Messenger] o silêncio se torna uma lacuna métrica absoluta. Com um compositor que o usa realmente bem, como Mozart, é uma parte tão integral da música que a duração do silêncio só pode ser determinada no momento da *performance*, no contexto do que aconteceu antes ou do que está prestes a acontecer. Uma vez mais, você precisa *senti-lo.*"

"Silêncio é um componente criticamente importante, e a penalidade de não lidar bem com ele é a mesma de não ser criativo no modo como você toca as notas – a plateia não ficará convencida nem envolvida. Você tem que *saborear* o silêncio tanto quanto os sons."

A segunda linguagem tampouco é alguma coisa que você possa aprender de modo mecânico ou com aplicação diligente. É uma linguagem que não pode, em última instância, ser ensinada. É uma linguagem do coração, que vem a um musicista apenas por meio do instinto artístico – e o jovem nem sempre acha fácil obtê-lo.

"Uma das coisas que jovens músicos acham mais difíceis [disse Roger Vignoles] é dar tempo ao silêncio na música. Eles sempre tendem a se apressar, parecem se sentir desconfortáveis com o silêncio e, como resultado, não deixam a música respirar. É parte nervosismo e parte o espírito da época.

Os jovens realmente tendem a ver a música apenas em termos de notas [concordou Julian Jacobson]. Precisam ser forçados a compreender as tensões e liberações na música, a fazer um uso adequado do silêncio. Têm de ser guiados a não fazer dela apenas uma interpretação mecânica de notas."

Precisam ser lembrados com frequência da graça do grande pianista Artur Schnabel: "As notas não as manejo muito melhor do que muitos pianistas, mas as pausas entre as notas... ah, nelas residem a arte!"

"Encorajo meus alunos a *escutarem* o silêncio quando estão tocando [disse David Ward]. Pergunto a eles o que fazem durante as pausas e eles usualmente respondem 'contamos'. Então eu digo: 'Mas se você não o escuta, um compasso ou momento de silêncio não faz nenhum sentido'.

Eles têm medo dos momentos de silêncio na música. Muitas vezes, os alunos querem apenas preenchê-los. O que os preocupa é que não têm nada a fazer. Ficam constrangidos ou ansiosos e dizem: 'O que faço agora?'" Tudo isso soa um pouco severo aos pobres aprendizes, mas espera-se que o College forme músicos excepcionais.

Se a conversação silenciosa entre intérpretes e sua plateia foi frutífera, o prêmio muitas vezes vem em termos de silêncio ou da ausência dele. "Uma outra noite" [disse Mark Messenger] conduzia o Coral Sinfônico Shostakovich, uma transposição do oitavo quarteto de cordas – e escutando-o, você é transportado para uma incrível jornada emocional, finalizada com resignação e desesperança."

"Quando terminamos, a plateia não queria aplaudir e pelo menos 1/2min decorreu antes que alguém o fizesse. Tanto foi dito naquele silêncio. O público foi tirado de sua zona de conforto, fora da atmosfera emocional de suas vidas no século XXI. O silêncio os fez perceber que não estiveram apenas escutando uma peça de música, que estiveram compartilhando, em alguma medida, as emoções que Shostakovich sentiu em sua época, e aquele silêncio tornou-se parte de suas experiências naquela jornada emocional.

Por outro lado, se você pegar uma peça estimulante, como a Sétima Sinfonia de Beethoven, por exemplo, a excitação é tamanha, especialmente no último movimento, que você não pode deixar de ter uma reação imediata. Nesse caso, o silêncio ao final seria doloroso para os intérpretes."

O lugar do silêncio na música ao longo dos séculos tem uma trajetória curiosa. Na música religiosa da Idade Média, e no Canto

Gregoriano em particular, havia silêncios cujo propósito era adicionar ressonância às palavras.

"Depois de cada frase [disse Jean-Philippe Calvin, professor de estudos acadêmicos do Royal College] havia uma pausa deliberada, para que se pudesse refletir sobre o texto, para que a memória dele pudesse se infiltrar na alma."

Na música chinesa e japonesa do mesmo período, de algum modo influenciada pela filosofia zen, havia silêncios mais longos e significativos. No teatro Nô, desenvolvido no século XV, ou mesmo antes, no qual se usava temas de histórias religiosas e mitos, havia a mesma ideia de se observar o silêncio para que o sentido espiritual da história pudesse aprofundar-se. "Com o acompanhamento musical [disse Calvin] o drama Nô é quase um evento religioso, como uma missa."

Nessa época, pelo menos no Ocidente, prosseguiu ele, nós tínhamos perdido totalmente a noção do silêncio reflexivo na música. Com Bach, a ideia era de que a música deveria ser contínua. Embora Bach fosse profundamente religioso, ele tornou o silêncio menos importante e, de muitas maneiras, isso permaneceu assim por vários séculos.

Não que o silêncio tenha desaparecido da música, apenas a noção de seu valor espiritual foi perdida. Os grandes compositores dos séculos seguintes viam-no mais como um dispositivo dramático. Haydn era um mestre em testar o ritmo de uma peça com uma pausa que fazia você imaginar o que viria a seguir. Mozart usou o silêncio brilhantemente para intensificar o drama e criar expectativa. Para Beethoven, era o modo perfeito de construir e manter a tensão.

"Você também tem de entender que, no século XVIII [continuou Calvin] as pessoas conversavam durante os concertos. A música ficava ao fundo, não havia um respeito particular pelo silêncio. Isso é bastante diferente de como as coisas são agora, com a plateia ouvindo religiosamente em total silêncio."

Nos anos recentes, entretanto, uma tradição antiga começou a se impor novamente. "Depois de séculos de música constante [disse

Calvin] voltamos à noção de silêncio como alguma coisa que tem significado espiritual e religioso."

Havia compositores, como o estoniano Arvo Pärt, um homem profundamente espiritual, que tinha decidido estudar música medieval e, como resultado, algumas de suas peças tinham características de preces silenciosas. Sophia Gubadailina, do Casaquistão, e Giya Kanchelli, da Geórgia, produziram peças chamadas Preces Noturnas. E, na Inglaterra, John Tavener – compositor, entre outras coisas, de uma peça chamada *Em direção ao silêncio* – claramente tinha convicção de seu valor espiritual. Todas as suas peças tinham períodos de silêncio literal, quando a música para, e ele normalmente especificava quantos segundos o silêncio deveria durar.

"Para todos esses compositores [falou Calvin] o significado do silêncio é muito espiritual, uma chance de refletir sobre a harmonia celestial."

Outros compositores modernos tinham abordado o silêncio de um ponto de vista inteiramente diferente. A Escola de Nova York, e particularmente homens como Morton Feldman, se rebelaram apaixonadamente contra a tradição do som contínuo e falaram sobre querer "descolar a música", disse Calvin.

John Cage, um americano muito influenciado pelo zen, foi igualmente radical. "Em 1950, ele foi para Harvard [prosseguiu Calvin] e sentou em sua câmara anecoica (sem eco) onde não haveria virtualmente nenhum som."

"Ao sair, no entanto, disse ao engenheiro que, na verdade, tinha escutado dois tipos de som, um muito agudo, outro grave. O engenheiro disse-lhe que o som agudo era o sistema nervoso dele mesmo trabalhando e, o grave, o som de seu sangue circulando. Naquele momento Cage entendeu que não havia alguma coisa como silêncio absoluto."

Pensou, então, em produzir uma peça de "música" inteiramente silenciosa. Quando a ideia lhe ocorreu, deu ao trabalho o título de Preces Silenciosas. Quando era mais jovem, sua intenção era estudar teologia e tornar-se ministro. Quatro anos depois, surgiu com uma peça simplesmente intitulada 4'33", cuja duração tinha decidido jogando um dado. Queria que fosse uma demonstração da não existência do silêncio, da presença permanente de todos os sons ao nosso redor. A primeira apresentação foi em Woodstock, no Estado de Nova York, em 1952.

Foi uma ocasião memorável. "Um pianista de primeira, David Tudor, veio ao palco", disse Calvin, "com um cronômetro e uma partitura em branco, exceto pelas palavras 4'33" *tacet* [é silêncio]". Tudor abriu a tampa do piano e não fez nada exceto fechá-la e depois abri-la para indicar a duração dos movimentos nos quais Cage havia dividido a peça. Ele estava ali meramente para interpretar o silêncio.

"As pessoas da plateia, claro, tinham vindo psicologicamente preparadas para escutar música, mas não escutaram nada. Depois de 1/2min, começaram a murmurar, depois de 1min estavam falando consigo mesmas: 'O que está acontecendo aqui?' No terceiro minuto, tinham começado a falar umas com as outras e, no quarto, algumas delas já gritavam, quase como se quisessem executar alguma prática bárbara em Cage."

Aquilo, na compreensão de Cage, era uma prova viva de que não havia algo como silêncio. Ele sempre quisera incluir sons do meio ambiente e, nisso também, havia triunfado. Ele tinha, por uns poucos e breves momentos, substituído a música contínua por um tipo muito diferente de som, o barulho de uma plateia confusa e enraivecida. Seu mestre zen deve ter ficado encantado.

5

SEM PALAVRAS, POR FAVOR

Estranho – ou talvez nem tão estranho – que me fosse necessário visitar um local de silêncio para refletir no porquê de usarmos as palavras.

Cheguei a Gethsemani, o mosteiro trapista em Kentucky onde o celebrado Monge Thomas Merton passou tantos anos, e fui recebido por uma saraivada de ordens para que ficasse em silêncio.

"Silêncio além deste ponto" no começo do caminho que leva aos prédios do mosteiro; "silêncio nesta passagem" na chegada da abadia; "fala-se silêncio aqui", na sala de jantar; "sem conversa neste jardim" e "silêncio, por favor", do lado de fora dos quartos de hóspedes.

Tão brusco, tão peremptório, não havia pontos de exclamação nos avisos, mas senti como se devesse haver. Eles eram como um tapa no rosto, como ser subitamente amordaçado ou abafado, como ser despojado de uma das mais básicas faculdades. Pela repetição e insistência, transmitiam um sentido de opressão, em vez de liberdade, um sentido de ser ameaçado, algemado.

Tinha vindo, como as pessoas que já estavam no retiro, de um mundo de barulho e de discurso. Discurso é o meio como expressamos nossas opiniões e reações, o meio no qual mostramos o que acreditamos ser bom sobre nós – nosso senso de humor, nossas (é claro!) percepções perspicazes, nossos julgamentos impressionantes.

É o modo pelo qual estabelecemos nossas identidades e nosso *status* diante de nossos competidores, amigos e conhecidos. É, em outras palavras, o modo pelo qual nos vendemos a nós mesmos para as pessoas.

Palavras são nosso recurso e nossa arma no fluxo e refluxo da vida diária. Elas são a substância de nosso intercâmbio social, da amizade humana. Elas são também uma carapaça que construímos para defender a (muitas vezes falsa) imagem de nós mesmos com a qual nos apresentamos a outras pessoas. Pessoas como eu algumas vezes sentem-se orgulhosas por usarem bem as palavras – exceto naqueles momentos quando esquecemos o que queríamos dizer!

Subitamente, por grande parte do tempo neste lugar, não pude usá-las. No jantar sentei em frente a uma mulher que nunca havia visto antes, e não tínhamos como nos apresentar um ao outro. As regras eram tão restritivas que mesmo um contato visual teria sido sentido como uma intrusão. Se tivesse sorrido, teria parecido que sugerira algo a ela. A situação era extremamente desconfortável e não fazia você querer prolongar a refeição.

Curiosamente, havia a gravação de um monge enquanto comíamos, com o intuito de preencher o vazio com pensamentos salutares. Ele enrolou um bocado, quase marcando um ponto para o silêncio pelo modo como falou, mas argumentou que o silêncio pode ser tanto louvor quanto penitência. Isso me impressionou, porque ter que permanecer em silêncio naqueles primeiros momentos em Gethsemani parecia-me bastante como uma penitência.

Não há dúvida de que o silêncio transforma a natureza das relações humanas. Deixa-nos confusos, primeiro, sobre a forma com que devemos nos comunicar uns com os outros. Tira-nos todo o palavreado com o qual habitualmente nos adornamos e nos deixa, num sentido, nus.

Assim expostos, temos de nos relacionar com outras pessoas apenas como somos. O silêncio nos traz de volta, em alguma medida, ao centro de nós mesmos, para um lugar em que temos que nos comunicar na segunda linguagem, tão importante para os músicos.

Penso na minha amiga Catherine, uma jovem mulher casada, que veio de um retiro durante o qual ela nunca falara com ninguém de seu grupo, mas sentira – ela disse – muito mais amor por eles todos do que se tivessem passado a semana inteira batendo papo.

O silêncio também leva embora o poder que as palavras têm de separar-nos de outros seres humanos. O discurso pode muito facilmente se tornar um instrumento de separação, mas, sem palavras, como estávamos naquele momento, eu não tinha ideia se aquelas pessoas partilhavam minhas opiniões políticas, meus entusiasmos ou a vasta gama de meus preconceitos – o que talvez, tenho de confessar, teria me ajudado a decidir se gostava delas ou não.

Em silêncio existem menos daqueles riscos espinhosos que podem evitar que formemos relacionamentos agradáveis. Em silêncio, há mais chance de que eu sinta uma simpatia básica em relação aos outros, porque a humanidade deles, e talvez a minha, é simples e sem verniz. Como todos sabemos, sempre há um eu mais simples e mais necessitado escondido atrás da vegetação rasteira de palavras.

Subitamente, comecei a ficar mais entusiasmado com a ideia de passar alguns dias em relativo silêncio. Não tinha de me colocar na conversa fiada usual e obrigatória, usar palavras que com frequência não significam nada em particular, e isso era algo relaxante por si mesmo. E se não havia nenhum dos prazeres que vinham da interação social pelo discurso, também havia menos das irritações causadas por ele.

Havíamos deixado de lado a ferramenta com a qual normalmente tentamos agradar ou impressionar pessoas e, quando ajudávamos ou éramos ajudados por alguém, na cozinha ou na sala de jantar, havia algo puro sobre a troca.

No café da manhã e nas refeições em geral, o silêncio obrigatório também tirava a importância de quem estava sentado com quem, já que todos eram igualmente reservados. Abolia qualquer noção de hierarquia e diminuía o poder nauseante das relações especiais.

Como os avisos nos elevadores assinalavam, o silêncio pretendia ser uma ajuda para rezar e refletir, e esperávamos que assim o fosse. Presumo que o ponto principal do exercício era que fossemos deixados sozinhos, de pé diante de Deus, sem nenhuma distração, especialmente da humanidade.

Os participantes do retiro eram, em sua maioria, embora não exclusivamente, de certa idade. Só Deus sabe que apuros e problemas traziam a Gethsemani – que ansiedades, que tristezas, que tragédias familiares, que perplexidades. Eles tinham vindo para aquietar a torrente de suas emoções, confrontar qualquer culpa, aprofundar suas jornadas espirituais e procurar, no silêncio, no louvor e no conselho dos monges, algum alívio.

Eles todos esperavam que o silêncio não só os ajudasse a confrontar essas questões, mas que, nele, uma voz divina, uma cotovelada ou um murmúrio emergiria e os conduziria para fora de suas ansiedades.

Quando nos encontrávamos em lugares onde nos era *permitido* falar, era fácil descobrir por que tinham vindo a Gethsemani. Esses eram os Estados Unidos, e havia pouco da reserva que você talvez encontrasse na Europa e, de qualquer modo, a zona de silêncio era limitada ao núcleo do centro de retiro. Mesmo lá, aliás, havia uma área de alimentação em que conversar era permitido.

No pequeno morro acima do mosteiro, olhando para fora do ondulado, nos arborizados prados de Kentucky, encontrei um homem divorciado chamado Dan, um analista de computação de Indiana. Eu já o havia notado durante um dos serviços na abadia, em pé na área em que ficavam também os monges, e tinha pensado que era estranho que usasse roupas comuns enquanto todos eles estavam em seus hábitos.

Descobri que ele era um postulante que pensava em se tornar monge porque estava perturbado com aquilo que a cacofonia da vida americana, a ausência de qualquer noção de silêncio, vinha fazendo com seus quatro filhos, todos agora no fim da adolescência ou na casa dos 20 anos.

Como tal retiro do mundo poderia ajudá-los não era imediatamente óbvio, mas Dan sentia que, pelo dramático ato de redenção, por se dar à uma vida de preces e silêncio, talvez os persuadisse a repensar suas vidas. Ele já tinha gastado algum tempo em outro mosteiro e havia vindo a Gethsemani para ter uma segunda experiência de viver dentro de uma comunidade monástica.

As ansiedades dele sobre seus filhos eram tantas que se derramavam. Eles sempre, disse, tinham algum tipo de fornecedor de barulho nos ouvidos; quando os encontrava não pareciam estar presentes, não tinham ideia do que era o silêncio, eram conduzidos por barulho e por uma constante necessidade de distração. Estavam se tornando espiritualmente deficientes pelo excesso de estimulação.

"Você vai numa viagem de carro com eles e, assim que começamos, eles plugam os iPods no sistema estéreo e, com 10.000 músicas para escolher, mudam para a próxima e para a seguinte antes de a última ter terminado. Quando eu era criança e viajava de carro – e havia oito de nós na família – o rádio ficava desligado, nós rezávamos um terço, todos ficávamos em silêncio e, daí, brincávamos de jogos como encontrar letras nos sinais de parada."

"Se você perguntar aos meus filhos o que eles estão perdendo, eles dizem que nada foi tirado deles, mas eu digo que eles perderam o entendimento de quem são. Como você pode conhecer a você mesmo se não se preocupa em parar e pensar? Eles sabem o que precisam saber sobre manter a saúde física, mas a saúde espiritual deles é outra coisa. Quando penso na morte espiritual de meus filhos, sinto-me culpado.

Eles nunca param para estar com eles próprios, como se estivessem com medo de dispor de um tempo para fazê-lo. Têm de ter barulho para protegê-los de si mesmos. Temem que, se tentarem o silêncio, achem coisas que não querem ouvir. Têm medo de descobrir uma dimensão espiritual da vida com a qual não querem lidar – e por isso a mantém à margem."

O diagnóstico de Dan do estado espiritual de seus filhos extremamente similar às coisas proféticas que o grande psiquiatra Carl Jung tinha a dizer, numa carta de 1957, a um homem que planejava iniciar uma campanha contra o barulho.

As pessoas, escreveu Jung, começam a se habituar ao barulho do mesmo modo que ao excesso de álcool e "assim como você paga por isso com cirrose no fígado, ao final você paga por estresse nervoso com um esgotamento de sua substância vital". Com crianças, tantas coisas do mundo externo eram introduzidas nelas que elas nem sequer pensavam em algo que pudessem fazer que viesse de dentro de si mesmas.

Ele acreditava, Jung prosseguiu, que existia um medo generalizado, embora não consciente, que amava o barulho porque impedia que aquele temor fosse ouvido. "O barulho é bem-vindo porque submerge o alerta interior instintivo. O medo procura a companhia do barulho e do pandemônio para espantar os demônios. O barulho, como as multidões, dá um sentido de segurança, e por isso as pessoas o amam... o barulho nos protege da reflexão dolorosa, dispersa nossos sonhos ansiosos. Nos assegura que estamos todos no mesmo barco."

"Nós não teríamos barulho se não o quiséssemos secretamente... Se houvesse silêncio... o medo real é o que talvez venha do fundo de nós – todas as coisas que ficaram à margem pelo barulho."

"Quanto mais você ataca o barulho [Jung alertou seu correspondente], mais próximo você chega ao território tabu do silêncio, o mais temido. Há muito mais pessoas do que se supõe que não são perturbadas pelo barulho, porque não há nada nelas que possa ser perturbado. O barulho é um componente integral da civilização 'moderna'. É um mal com raízes profundas [...] tudo vai ao encontro da desorientação espiritual de nosso tempo."

Twana, uma afro-americana de 34 anos que monta *shows* de moda em Ashville, na Carolina do Norte, vive face a face com a desorientação causada por dias de montagens e desmontagens, e fugira para Gethsemani para escapar daquilo. Ela suportou uma viagem de 16h de ônibus para estar lá por apenas dois dias e estava se regozijando em cada segundo precioso.

"Há muitos dragões, duendes e bruxas no meu mundo [disse], e preciso proteger a mim mesma espiritualmente, para reconquistar o prazer que tive um dia. Tenho de escapar, mudar todo meu espaço, estar sozinha com meu Criador.

Quando estou em casa, as pessoas vêm e falam comigo o tempo todo, estou sempre ao redor do ego delas, são sempre os mesmos problemas, tão monótonos que deixam você maluca, e é sempre sobre coisas que não importam, todas as distrações a que as pessoas se amarram – então o silêncio aqui é maravilhoso.

No mundo em que estou, sinto que estou perdendo células cerebrais. Sou uma vitrine de talentos, e eles estão sempre querendo outro *show*. Eu me pergunto o que as pessoas que aparecem neles realmente querem – estão pensando sobre comprar uma TV com tela maior ou o que está acontecendo em seu âmago?

Temos um sistema neste país que é criado para tirar de você uma coisa, o espírito, daí você se torna uma casca vazia. A coisa toda é baseada em distração sistemática. Temos liberdade, mas ainda somos escravos de uma coisa ou de outra."

Assim, muitas das pessoas que encontrei em Gethsemani me deram a sensação de que elas estavam vivendo em um mundo escasso de oxigênio e que estavam vindo para um pouco de ar. "Há de fato muita falação na faculdade [disse um aluno de pós-graduação da Universidade de Virgínia], e é porque eles temem estar consigo mesmos." Perguntei a Carol, de Alton, Illinois, o que ela pensava do silêncio. "Libertador" [respondeu, radiante].

"Toda a balbúrdia lá fora [disse Peake, um ex-professor de inglês] é um tipo de distração. Se estou distraído, não tenho que pensar sobre coisa alguma. Mas, se você precisa de distração, do que é que você está se distraindo?"

Todos eles tinham escapado, por uns poucos e breves dias, da inundação de barulho que engole os Estados Unidos e grande parte do mundo desenvolvido. É um universo onde o som, como o sexo, vende, um mundo que conduz seus cidadãos imperiosamente, determinadamente, em direção a seus eus exteriores e suas necessidades materiais. Para o Padre Damian, o anfitrião em Gethsemani, é como se a TV americana fosse "60% para vender e não para divertir."

A verdade é que o capitalismo floresce melhor numa sociedade cujos membros são direcionados por impulsos mais do que por reflexão, na qual há pouco ou nenhum lucro material. Wall Street, Walmart e o resto dos Estados Unidos corporativo naturalmente não têm nenhum interesse nas necessidades interiores de seus clientes, exceto se elas afetarem as vendas ou o Deus-poderoso dos índices da Bolsa de Valores. O sonho americano, de qualquer modo, é muito mais sobre acessar as riquezas externas do que procurar quaisquer riquezas que talvez residam no interior.

Portanto, os frequentadores do retiro vêm até aqui, 160 todos os meses, o número aumentando todo o tempo porque, como explicou o assistente do anfitrião, Padre Carlos, "eles já não podem mais ouvir sobre o que é a vida afinal, já que o barulho é tão grande".

Na recessão econômica, as reservas dos 56 quartos de hóspedes deles dispararam. As pessoas diziam precisar uma reavaliação de sua vida, para decidir o que era e o que não era importante. Elas vinham para olhar a vida de uma maneira que não haviam tentado antes, para encharcarem-se em outro mundo e de outro modo.

A maioria delas, disse Carlos, jamais havia tentado o silêncio, e algumas não ficariam para o curso. Para isso, teriam de ficar em Gethsemani de segunda à sexta-feira, mas algumas saíram na terça-feira e ligaram mais tarde para dizer que não estavam preparadas para tanto silêncio.

E o que dizer, então, dos 47 monges de Gethsemani, o mais antigo mosteiro em atividade nos Estados Unidos, que foi fundado em 1848? Como Carlos e seus irmãos haviam sido afetados pela mudança dos tempos e o aumento incessante de barulho externo? O número de monges tinha decrescido – no auge, havia 270 deles – embora as severidades dos dias passados tivessem sido substancialmente diminuídas.

"O silêncio está praticamente intacto e nós não falamos no mosteiro [disse o Padre Carlos], mas se você for designado para um trabalho, você, claro, precisa receber instruções. Nós também temos aposentos para conversar, onde um monge pode ter um tempo para conversar com um de seus irmãos. Esses aposentos, é claro, não são apenas para ficar tagarelando, há de haver uma razão para o encontro que ajude a ambos."

O Irmão Paul está em Gethsemani há tempo o bastante para ter tido Thomas Merton – falecido em 1968 – como seu mestre de noviços. Caminhamos juntos por quase 1km descendo o pedregoso caminho até a ermida que havia sido construída para Merton pelo mosteiro em 1960.

Uma acerácea e um tulipeiro ficam de guarda ao lado da edificação simples. Há uma cruz gigante, rudemente talhada e, à direita, uma estátua da Virgem Maria. Sentei no velho assento de Merton, que ele costumava chamar de Banco dos Sonhos, enquanto Paul me contava sobre as mudanças que transformaram a vida monástica em Gethsemani.

"Costumava-se ter [disse] uma profunda cultura de silêncio no mosteiro, mas hoje em dia raramente é mencionada. As pessoas mais novas que têm vindo para cá não têm a mesma prática rigorosa do silêncio. No passado, você conseguiria acompanhar a conversa entre dois monges do outro lado de um aposento porque eles falavam em linguagem de sinais – havia até mesmo um dicionário desses sinais – mas as coisas são bem diferentes agora.

Não temos Facebook ou Twitter em nossos sistemas, nossos servidores os bloqueiam, mas eu mesmo estou no Twitter, porque escrevo haicus todos os dias e eles estão na minha conta." Diferente, de verdade!

Dan, o postulante, que estivera em Gethsemani por poucos dias, mas vira alguma coisa da vida dentro do mosteiro, também sentia que tinha havido um considerável relaxamento. Havia silêncio entre as paredes do mosteiro, disse ele, mas quando iam para fora trabalhar juntos na área de 2.000 acres, os monges riam e brincavam uns com os outros.

Essa não era a única coisa que havia mudado. "No passado [disse o Padre Damian, que chegou a Gethsemani em 1978] o silêncio era uma coisa mecânica, tida como certa; tudo era muito rígido até o Concílio Vaticano II, na década de 1960."

"Por exemplo, você deveria acusar as pessoas se visse alguma coisa errada nelas, caso quebrassem alguma regra ou esquecessem de fazer alguma coisa. Havia então o que se chamava proclamação, o acusado tinha que ficar diante do abade e receberia uma penitência.

Isso, claro, criou muitos ressentimentos e por isso, num dado momento, parou totalmente. Dizem que, quando ninguém no encontro trouxe mais nenhuma acusação, o abade daquele tempo teria dito 'vocês são todos perfeitos, então?'"

Tudo isso deixa claro que a vida em Gethsemani tornou-se menos inóspita. O mesmo é válido para outros mosteiros trapistas. Onde, em uma determinada época, como disse um veterano que tinha sido monge por 60 anos, não havia "nada pessoal e amigável, agora há um uso razoável da fala e um intercâmbio amigável".

De qualquer maneira, disse o Padre Carlos, o silêncio poderia ter um lado negativo e um lado positivo para os irmãos. "Pode, na verdade, ser prejudicial para alguém que não saiba como se relacionar com outras pessoas. Pode ser uma desculpa para não falar com ninguém. Se você não tomar cuidado, seus relacionamentos podem se tornar muito superficiais."

"Você pode usá-lo para se esconder quando deveria estar cuidando de seus irmãos. Por exemplo, suponha que um deles está de plantão na sala de jantar, mas então é acusado de não estar fazendo alguma outra coisa. Você deveria, obviamente, defendê-lo. Não, o silêncio pode ser um risco profissional."

Ele havia sido missionário nas Filipinas, sua terra natal, até se tornar monge há 25 anos, e para ele o valor do silêncio residia no fato de ele o ajudar "a entrar em contato com um Deus que não é um produto da mente, o Deus sobre o qual aprendemos em nossos estudos. O Espírito Santo tem me acompanhado no jardim de minha identidade, Ele me fez encarar coisas que eu não queria encarar".

"Todo jardim tem uma área de ervas daninhas. O Espírito Santo nos diz que, juntos, podemos podar nossas ervas daninhas, as coisas de que não gostamos em nós mesmos. É por isso que, em silêncio, eu procuro aquela voz." Eu disse que havia católicos que falavam não sobre ouvir o Espírito Santo, mas procuravam ir além de todos os pensamentos em silêncio. "Isso é apenas porque eles querem ser chiques" [replicou Padre Carlos, com rigidez].

O Espírito Santo não se comunica normalmente com ele com o que chamou de "palavras físicas", mas sim por intermédio de um toque suave em momentos de solidão ou tristeza.

"Estava uma vez numa luta [ele disse] me perguntando se estaria no lugar certo. Rezei e rezei, mas nenhuma resposta veio. Assim falei para Deus 'por que o Senhor não me responde, estou indo ao Senhor voluntariamente e, mesmo assim, o Senhor não fala!' E então, subitamente, percebi que Deus tinha falado comigo todo o tempo porque, quando Ele está em silêncio, Ele afirma a si mesmo, Ele está dizendo: 'Eu sou Deus, Eu decido quando falo com você, não faço isso em seus termos, faço em meus termos. Mesmo em meu silêncio você pode se tornar forte'.

Em outros momentos, tinha ouvido com muita clareza pensamentos que vinham a mim em forma de palavras. Quando descobri a assim chamada vocação para ser monge, fiquei cinco meses num mosteiro trapista nas Filipinas, mas senti que aquilo não era para mim. Então decidi me candidatar para ir a Roma estudar psicoespiritualidade com o objetivo de me tornar um psiquiatra clínico que poderia ajudar monges e freiras em dificuldades.

Tinham me dito que seria aceito, e eu estava preenchendo os formulários de inscrição, especificando todas as minhas conquistas em meu currículo. Então, de súbito, uma voz veio: 'Você me ama mais do que isso?' Com isso abri a gaveta da minha escrivaninha, coloquei os formulários lá e parei com a inscrição. Sacrifiquei toda uma carreira, e o professor de alemão que me havia encorajado a ir a Roma ficou bastante desiludido comigo.

Eu então disse: 'Está bem, mas o que vem a seguir?', presumindo que uma vida de silêncio não era para mim. Mas a voz veio novamente: 'As Filipinas não são o único lugar onde existem mosteiros'. Será, pensei, que eu deveria deixar meu país e minha família, todo meu apoio emocional?

Meus colegas deixaram claro que eles não me ajudariam a deixar tudo para trás, e havia ainda todo o problema de conseguir um visto na embaixada americana. Isso normalmente demoraria um ano, ao menos. Mas meu visto saiu em dois dias! Inacreditável..."

Ele também ouvira a voz falando de uma maneira que sugeria que Deus tinha senso de humor. "Um dia eu estava rezando em silêncio e senti uma enorme solidão. Perguntei a Deus se eu poderia viver totalmente na fé minha vida inteira. Não houve nenhuma resposta."

"Então alguém bateu na porta e um homem disse: 'Padre, há um grupo de pessoas, filipinos, que quer lhe ver'. 'Mas eles não marcaram hora', disse eu. 'Mas, padre, eles são filipinos!' Assim, fui lá fora para conhecê-los e tivemos ótimos momentos, um piquenique e tudo o mais.

Quando voltei para cá, disse 'Foi o Senhor, Lorde?' e me pareceu ter visto um sorriso no rosto de alguém. Eu disse 'será que o Senhor não poderia fazer isso com mais frequência para me ajudar?' E então o pensamento veio com muita clareza 'Não force sua sorte, garoto'. Agora as pessoas vêm todo o tempo."

Tais mensagens, supostamente do alto e que o Padre Carlos acredita serem do Espírito Santo dando-lhe tapinhas no pulso, são habitualmente referidos como "locuções interiores" pelos monges e freiras anglicanos e católicos. É uma frase meio pomposa que eles usam como código para a voz interior que acreditam ser o Espírito Santo.

O modo indireto e evasivo com que eles usam as palavras indica o quão difícil é descrever a experiência. Locução, sobretudo, implica palavras ditas de modo alto e claro e, desde que as palavras sobre as quais falam são apenas ouvidas dentro deles, não é o tipo de linguagem que nós normalmente entenderíamos.

Aqueles que tiveram tais experiências dizem que, no entanto, as palavras que ouvem são infinitamente mais definidas e confiáveis do que as sugestões da consciência, que as palavras não vêm em qualquer sentido de dentro deles mesmos, mas de algum outro lugar e que, embora a voz na qual sejam transmitidas não tenha som, ainda são como se alguém as tivesse falado para eles – e com um poder que não pode ser facilmente negado. Nenhum daqueles com quem falei imagina que tais locuções façam deles alguém especial em nenhum sentido, nem que eles sejam assim promovidos em alguma hipotética hierarquia espiritual.

Alguém pode pensar talvez que "profissionais" religiosos estariam muito preparados para reivindicar que ouvem aquela voz com frequência, para sugerir uma proximidade com Deus, mas, se os monges e freiras com quem falei são em algum sentido típicos, o caso é o oposto.

Alguns dizem que tinham ouvido uma voz com essas qualidades só uma ou duas vezes durante toda uma vida da qual passaram décadas em um mosteiro ou convento; enquanto outros, não menos devotos, declaram que nunca ouviram nada que poderia ser descrito como uma locução. Em qualquer caso, é uma das mais fascinantes e logicamente inexplicáveis experiências que os cristãos podem afirmar ter tido.

Locuções ou não, os monges de Gethsemani estão lutando suas próprias batalhas espirituais, como podem presumir quem quer que seja que venha para buscar a ajuda deles. Padre Damian foi o abade do mosteiro por 8 anos, até completar 75 anos em 2008, mas sente que sua educação começou realmente naquele momento.

Ele é um homem formidável, com um corpo forte e cabelo curto, grisalho, e não achou fácil falar sobre si mesmo. "Comigo [admitiu] há um certo filtro. Nós todos adotamos uma postura, e a minha tem a intenção de afastar as pessoas." Enquanto falávamos, pareceu-me que ele colocava a proteção de lado.

Ele não tinha, confessou, desfrutado o fato de ser um abade. "É chato [falou]. Revela tudo sobre você. Para começar, muda o relacionamento com seus monges e companheiros para sempre. No momento que você chega ao topo, você nunca será um igual de novo. As relações que tenho com alguns dos irmãos são diferentes daquelas que tive antes. E me pergunto quantos foram que magoei nos anos em que estive naquela posição."

Pareceu-me que ele sentia, em algum nível profundo, ter sido cortado de modo irreversível do grupo dos demais monges. Ele se questionava, continuou, como o Padre Carlos podia ser tão aberto. Carlos simplesmente amava as pessoas e sabia como entretê-las. Por que, era como se se perguntasse – e perguntasse a mim também –, ele não podia ser do mesmo jeito?

Quando era menino, filho de um casal pobre de origem polonesa e irlandesa, tivera que se defender contra outros garotos, e agora notava que havia crescido com uma atitude defensiva diante do mundo. "Então, no quarto ano, fiquei interessado em uma menina, uma freira percebeu e me humilhou, primeiro em frente da classe e depois em frente da escola toda – e senti que deveria haver alguma coisa errada com as meninas. Como resultado, tive uma relação muito estranha com as mulheres."

Depois disso, após muitos anos em Gethsemani, ele uma vez levou um jovem monge que precisava de ajuda à terapia, e resolveu tentar submeter-se a ela. O terapeuta deu a ele um exercício no qual tinha de reviver sua experiência na escola. Um quadro veio à sua mente, de "um menino correndo em um campo, rindo, e aquele menino era eu mesmo."

Ele havia descoberto que o que acontecera na escola não tinha sido culpa dele, mas da freira, e tornou-se livre da dificuldade que tivera durante toda a vida. Tinha, então, 70 anos de idade. Os olhos do Padre Damian estavam úmidos de lágrimas quando me contou essa história.

Depois que deixou de ser abade, disse, uma nova fase tivera início em sua vida espiritual. "Era como se Deus tivesse esperado que toda aquela ocupação acabasse, para então poder falar realmente comigo. Não tinha imaginado meu vazio. Ele teve que me dizer o quão pobre eu era – o que foi um grande presente. Quando você sabe o quão necessitado é, Ele está pronto para fazer alguma coisa com você, quando não há nada mais acobertando sua realidade."

Deus começou a falar com ele de uma maneira diferente. "Quando os pensamentos vêm dele, e eles agora vêm com frequência, trazem uma realidade mais profunda, porque Deus conhece você melhor. 'Ô meu Deus', penso, 'eu deveria saber isso'. É algo novo que Ele está fazendo comigo. Não sei se Ele está me deixando preparado para ir, mas sei que é Ele. Ele continua abrindo seu coração, me dizendo 'esse é quem Eu sou'. Ele fala sobre si mesmo agora, não está mais falando sobre mim.

É por isso que é importante estar em silêncio, e por que se precisa de tanto silêncio para descobrir quem você realmente é e quem Ele é. Eu não teria chegado neste estágio em que estou se não tivesse tido tanto silêncio. Essas coisas só começaram a acontecer comigo há 3 anos – e é por isso que sempre falo sobre um processo para aqueles que vêm ao retiro."

Nenhuma conversa que tive enquanto estava escrevendo este livro foi mais preciosa para mim do que aqueles momentos com o Padre Damian.

6

UMA CHANCE DE OUVIR VOCÊ MESMO

Psicoterapeutas às vezes falam sobre o silêncio de uma maneira tão reverente, e com tanta gratidão, quanto qualquer monge.

"Para mim [disse Hymie Wise], o silêncio é a coisa mais importante na psicoterapia. Em cada sessão com um paciente, quer seja com um indivíduo ou com um casal, silêncio é o pano de fundo de tudo. Tudo que é dito vem do silêncio e ao silêncio retorna. Depois que você fica atento a isso, percebe que o silêncio é uma presença."

Para Wise, que foi um padre jesuíta por 8 anos antes de se tornar terapeuta, o silêncio é "maravilhosamente humilde, nunca interfere, nunca interrompe, nunca faz promessas. Você não pode vê-lo, tocá-lo, saboreá-lo, e mesmo assim ele é maior do que todas as coisas que você pode saborear e cheirar. Minha tarefa é apenas estar presente no silêncio.

Outros terapeutas ilustram o valor do silêncio de uma maneira que é mais incisiva e, também, mais prosaica. Philip Hodson, que pratica o silêncio há 35 anos, simplesmente permaneceu quieto e olhou para mim, sorrindo, quando perguntei a ele sobre a importância do silêncio na psicoterapia. Quinze segundos transcorreram sem que ele dissesse nada.

"Eu preciso de palavras [disse eu, confuso]. 'Veja você [disse ele com uma risada], eu estava somente mostrando qual é o poder do silêncio. Você sentiu que tinha que falar, não sentiu? Todos os sargentos-detetives no Departamento de Investigação Criminal

(CID, em inglês, Criminal Investigation Department) sabem sobre esse poder'."

Essa é uma das maneiras pelas quais os encontros entre terapeutas e pacientes são totalmente diferentes de uma visita ao médico ou ao dentista, em que o silêncio não faz parte, exceto quando e se for necessário. Aqueles que vão a um terapeuta levam com eles não um vírus, nem dor nas costas ou dor de dente, mas o emaranhado da teia de suas vidas – suas ansiedades, confusões, complexos, traumas escondidos, casamentos que falharam.

Eles também não esperam que o terapeuta prescreva pílulas ou poções para aliviar seus estresses. Nesses encontros, há somente palavras e os silêncios entre as palavras; e quaisquer melhorias podem apenas ocorrer como resultado de alterações na percepção, na sabedoria ou na inspiração que a relação entre paciente e terapeuta porventura reúna. A experiência dos terapeutas sugere que a inspiração vem tanto do silêncio quanto das palavras.

Esse fato, as questões complexas que eles tentam administrar e, em alguns casos, uma modéstia inata, significam que os psicoterapeutas com melhor reputação não são aptos a falar sobre si próprios como se fossem um *deus ex machina* ou alguma coisa desse tipo.

"Os melhores terapeutas [disse Robin Daniels, que está na profissão há 35 anos e é também o biógrafo de Yehudi Menuhin e Neville Cardus] vão ao encontro com pacientes com um senso de mútuo aprendizado. *Não* é uma relação de cima para baixo."

Wise vai até mesmo além. "Minha prece [disse] é de que *eu* não ajude ninguém hoje. Se *eu* ajudar alguém, isso muda o relacionamento entre nós. Sou então o socorrista e eles são alguém a ser socorrido. Essa pode ser uma grande ilusão."

"Quando estou ajudando você, eu sou o mais forte, e você é o mais fraco. Isso é perigoso porque nesse momento meu ego começa a aparecer. Assim, corro da distinção entre quem ajuda e quem é ajudado."

Tal afirmação soa bem na teoria, pensei comigo mesmo, mas como você mantém esse grau de desprendimento e humildade quando um paciente vem tão obviamente em busca de sua ajuda?

Para a maioria das pessoas, ir a um terapeuta é algo como o último recurso. Para começar, parece uma admissão que elas não conseguem lidar com a vida por si mesmas. Aqueles que tomam essa atitude também percebem que isso envolverá analisar lá no fundo dentro deles mesmos, desnudar em certa medida os segredos de suas vidas, o que não é exatamente alguma coisa que escolheriam fazer.

Elas podem também suspeitar que, embora possa haver bastante conversa, alguma parte desses encontros ocorrerá em um silêncio um tanto desafiador, que a maioria deles não conheceu antes – e que é possível que eles achem aquela experiência totalmente desconfortável.

"As pessoas relutam em vir à terapia [disse Daniels] porque é um espaço de quietude, de algum modo silencioso. Elas institivamente sabem que a própria consciência está retendo arrependimento e culpa, e sabem que isso terá que vir para fora."

E sabem, sobretudo, que qualquer alívio de seus males não será alcançado com pressa, que não há uma cura rápida em terapia, que possivelmente verão o terapeuta por meses, se não por anos. "Pode levar um ano e meio para que alguma coisa que valha a pena seja produzida [disse Daniels] e se a reconstrução da infância de alguém estiver envolvida, eu talvez veja um paciente por 6 ou 7 anos." Para muitas pessoas, essa perspectiva não é nada sedutora.

Em sua experiência, Daniels continuou, os pacientes demoram algum tempo para decidir ver um terapeuta. Depois da recomendação de um outro paciente, há frequentemente um intervalo antes que ele receba um telefonema e ainda um outro intervalo antes que o paciente marque uma data.

Isso é natural. "A psique [ele disse] precisa de tempo para se preparar para grandes eventos. Nesse tempo, o inconsciente do paciente começará a juntar alguns ferimentos-chave e esperanças que talvez apareçam mais tarde na terapia."

O único consolo é que os encontros com um terapeuta possivelmente não terão lugar nos exíguos espaços de um cirurgião ou num confessionário, mas num ambiente confortável de uma sala, com uma cadeira de braços ou um sofá pronto para recebê-los.

Mesmo assim, os pacientes estão entrando no que, para eles, é um território estranho e desconhecido. “Eles não sabem o que esperar [disse Philip Hodson]. Há muita conversa nervosa no começo. Às vezes eles dizem: ‘Eu tenho que deitar?’ O modelo médico é de sintomas, diagnóstico, cura. O nosso é: ‘Como podemos nos relacionar um com o outro?’”

Os pacientes com frequência chegam cedo para a primeira sessão, disse Daniels, e isso por si só sugere ou um certo nervosismo ou, possivelmente, esperança. Eles vêm parecendo muito sérios, tentando absorver tudo – o espaço com todos os livros e tudo mais – e perguntam a si mesmos se poderão confiar no terapeuta.

“O que eles estão fazendo [ele disse] é explorar seus mecanismos de sobrevivência. Afinal, é mais do que provável que essa seja a primeira vez que eles irão revelar algumas coisas, e querem estar certos de que suas mensagens estão recebendo a devida atenção.

A primeira sessão [continuou] com frequência é aberta com um silêncio perplexo e engraçado. Afinal, é um encontro tão diferente de qualquer coisa com que estejam acostumados. É tão íntimo e ao mesmo tempo tão profissional.

Eu espero que o paciente fale o que está em sua mente, mas não quero que o silêncio se torne muito opressivo. Então, depois de 3 ou 4min, vou dizer: ‘sinta-se livre para ficar em silêncio até que esteja pronto. Talvez seja difícil para você saber por onde começar, mas pode dizer o que quer que seja que venha a sua mente.’”

Daniels tenta transmitir um sentido de disponibilidade, mas, naquela primeira sessão, diz aos pacientes de modo bastante franco que, se os encontros deles vão produzir resultados valiosos, vão requerer energia emocional da parte de ambos. Apesar daquela advertência, no fim da primeira sessão eles normalmente se sentem mais tranquilos – e o dizem.

Depois disso, ele recomenda que os pacientes precedam cada encontro com um período de silêncio, usando cerca de 15min para eles mesmos antes de entrarem no consultório, a fim de ponderar a respeito do que gostariam de falar e outros 15min depois para refletirem sobre o que compartilharam.

Psicoterapeutas estão bastante cientes de que, no início, muitos de seus pacientes talvez não tenham ideia de como lidar com os silêncios que ocorrem naturalmente. "Nossa cultura atual [disse Daniels] foge do silêncio. As pessoas estão sempre correndo, elas preenchem cada momento livre, detestam ficar quietas."

"Vejo isso em especial como uma fuga de nosso lado escuro, nosso lado secreto, nossa vergonha. Nós também fugimos das partes de nós que são pouco usadas e pouco expressadas. Se as pessoas puderem confrontar as coisas escuras, haverá muita luz por detrás delas. Um dos aspectos positivos do silêncio é que ele pode libertar tanto a imaginação quanto a esperança."

"Digo aos pacientes que vêm: 'Quero que você tenha coragem de entrar na selva de seu próprio *self*. Faça isso e você talvez chegue à luz do sol'. Um terapeuta, com frequência, pode localizar muito cedo o potencial que está esperando para ser desenvolvido. Mesmo que o solo arável não seja o melhor, poucas polegadas abaixo da superfície talvez haja de fato um ótimo solo."

Uma parte-chave do processo, na visão dele, é a tentativa de mudar a atitude que muitos de seus pacientes têm com relação ao silêncio. Ele quer que eles descubram que, longe de ser alguma coisa da qual devem fugir, o silêncio pode, na verdade, ser muito produtivo. Ele quer que os pacientes fiquem tão confortáveis com o silêncio quanto duas pessoas que estão tão apaixonadas uma pela outra que ficam felizes de se sentarem uma ao lado da outra sem dizer nada.

"Antes de mais nada [disse ele], o silêncio cria uma conexão bilateral entre os hemisférios esquerdo e direito do cérebro. O lado esquerdo é aquele em que a mente ocidental é mais encarcerada – o lado linear, analítico, pensante. O lado direito é espacial, criativo, intuitivo, muito mais amplo. Em silêncio, os dois lados ficam mais juntos, então você está totalmente unido com o seu eu inteiro. Não apenas isso, quando isso ocorre você fica muito mais próximo de outras pessoas.

Isso pode levar a todos os tipos de novas percepções – como a de que um padrão de autolimitação ou mesmo o comportamento destrutivo tem raízes no fato de os pacientes se moldarem em seus pais ou em outras figuras de autoridade. Eu os tranquilizo de que estou perfeitamente confortável no silêncio, e que, se puderem gradualmente desenvolver uma visão mais favorável dele, irão aproveitar mais suas sessões."

Philip Hodson também está tentando reintroduzir os benefícios do silêncio às pessoas que perderam toda a noção de seu valor. "Na agitação de *fazer*, em meio a todas as atividades frenéticas, nós não refletimos nem escutamos muito, achamos difícil nos desligarmos e vermos o que realmente está acontecendo em nossas vidas. É como se administrássemos a nós mesmos como empresas, mas sem fazermos nenhuma auditoria."

"O silêncio dá a você uma chance bem melhor de escutar a você mesmo, de estar em contato com sua consciência e com seus demônios, com as vozes de descontentamento e de vingança que moram dentro de você.

Na terapia, o silêncio não é como uma terceira pessoa, é mais como uma bolha entre vocês. Ambos estão em silêncio, mas o usam de maneiras diversas. É o silêncio que os conecta, vocês o compartilham e contribuem com ele. Silêncio é algo curativo e carinhoso."

Nem sempre, porém, ele corresponde a essa descrição: silêncios podem ser tanto hostis quanto positivos. "Silêncios podem ser curadores, mas isso não significa que sempre o sejam" [disse Patrick Casement], um de nossos mais eminentes analistas, que exercita a profissão de terapeuta há 40 anos. "Eu mesmo fui para a terapia pela primeira vez depois de um período em um hospital mental quando tentei cometer suicídio."

"O hospital me enviou ao terapeuta deles, que por acaso era uma mulher. Ela era uma dessas pessoas que fazem um ritual de insistir que o paciente deva ser o primeiro a falar. Por três sessões inteiras ela não disse absolutamente nada, e achei que eu não ia falar com alguém que não falasse comigo.

Depois bebi a maior parte de uma garrafa de gim, apareci na próxima sessão, desmaiei e tive que ser hospitalizado. No dia seguinte ela na verdade falou. Ela disse: 'O que você estava tentando dizer com isso?' Respondi que havia sido uma completa perda de tempo ela ficar sentada ali sem se relacionar comigo de nenhuma maneira. O que queria dizer é que alguma coisa tinha de mudar! Ela me dispensou e não houve acompanhamento." Minhas simpatias estão inteiramente com Casement.

Assim, há muitas formas de silêncio, e uma das habilidades mais importantes do terapeuta é ser capaz de ler o que exatamente está acontecendo durante os silêncios em uma sessão específica.

"Você precisa escutar a cor, o tom, a sombra do silêncio [disse Daniels]. Tem de ser capaz de perceber que tipo de silêncio é aquele. Pode ser um silêncio de espera, quando o paciente está aguardando até que esteja pronto para que algo surja. Ou pode ser um silêncio absorvente, quando o paciente compartilhou alguma coisa profunda e a está digerindo.

Ou pode ser um silêncio defensivo, quando há algo urgente que deveria sair, mas o paciente está muito envergonhado ou constrangido para falar a respeito daquilo e, por isso, está com os lábios selados. As expressões faciais e corporais ajudam você a avaliar qual é o caso.

Os silêncios são tão diferentes [concordou Casement]. Alguns pacientes estão em silêncio porque não conseguem verbalizar o que está em suas mentes, e não acredito que um paciente tenha de começar com palavras. O silêncio por si só pode ser uma comunicação. À medida que você vai conhecendo o paciente, você começa a perceber o que está no consultório.

Alguns pacientes usam o silêncio como um modo de indicar que não estão prontos para passar para as palavras. Havia uma paciente que começava cada sessão deitada no sofá com seus dedos juntos, arqueados assim, e então, depois de 5 ou 10min, as pontas de seus dedos começavam a relaxar. Naquele momento, eu dizia 'Hummm?' e ela falava. Naquele caso, eu estava deixando o silêncio dela falar comigo.

Outra pessoa pode estar no divã, inquieta e tensa e, nesse caso, eu tentaria ler sua postura corporal e talvez dissesse: 'Tenho a impressão de que você está lutando com alguma coisa hoje' ou 'parece haver muita ansiedade na sala neste momento'.

Eu não diria de onde essa ansiedade estaria vindo. Ouviria o que o estado deles estava fazendo a mim e ao meu corpo. Se eu mesmo sentisse uma ansiedade crescente, me perguntaria se seria apenas eu ou se estaria absorvendo alguma coisa do paciente. Se fosse de mim mesmo, então eu ficaria quieto.

Às vezes no silêncio eles expressam alguma coisa, mas não presumo que isso vá acontecer. Nós temos que ler o silêncio a cada vez para poder entender o que está em volta. Acredito na escuta, por assim dizer, em dois lados; por um lado, poderia ser isso, por outro, poderia ser aquilo."

Na visão de Hodson é absolutamente crucial o modo como o terapeuta lida com os silêncios. "Ele tem [disse] de compreender perfeitamente as pausas". Matizes de Arthur Schnabel, pensei. Em outras palavras, ele tem que tocar o silêncio com a sensibilidade que usaria para um instrumento musical.

Por quanto tempo, por exemplo, devemos permitir que o silêncio continue, já que o terapeuta não quer nem perder a chance de alguma coisa importante ser revelada, nem tampouco encaminhar o encontro na direção errada em virtude de alguma intervenção inábil?

"O terapeuta [disse Daniels] precisa sempre observar quem está rompendo o silêncio. Na maioria das vezes deveria ser o paciente. Por outro lado, podem haver silêncios que são quase punitivos. Você pode querer que o paciente o rompa, mas se o silêncio continuar por meia hora a situação fica muito constrangedora. O terapeuta, então, pode rompê-lo de um modo bem neutro perguntando algo como: 'A cadeira está confortável?'"

"Houve momentos [um terapeuta me disse] em que fiquei 1h inteira em silêncio com um paciente, mas apenas porque podia sentir que ele estava usando o tempo para absorver tudo o que havíamos falado anteriormente."

Para Hodson, porém, manter o silêncio por tanto tempo é simplesmente um "uso indevido do ofício. O período mais longo em que o fiz foram 4 ou 5min, e aquilo foi um longo tempo. Naquele caso, pensei saber a razão para o silêncio do paciente, mas, ao final, eu intervim porque havia a possibilidade de que eu fosse o problema."

Ele poderia pensar em um sem número de casos, disse Hodson, em que o silêncio havia sido a chave para ajudar um paciente. Um deles, tivera uma mãe alcoólatra e, quando criança, fora forçado a ficar longos períodos de tempo com ela. "Ele me disse que ficava com frequência sentado no sofá ao lado da mãe bêbada na frente da lareira. Ele lembrava de se sentir rígido com a ansiedade – ele tinha apenas 5 anos de idade naquela época.

Ele não tinha medo de que gritassem com ele ou de apanhar, embora essas coisas tivessem acontecido. O que o deixara amedrontado fora o fato de a mãe poder perder o controle, e ele achava então que sua obrigação era garantir que ela não iria se machucar. Era uma completa inversão dos papéis, a criança tornara-se os pais, você tinha uma criança de 5 anos tomando conta de alguém de 38.

De qualquer modo, um dia a mãe caiu na lareira e se queimou até morrer. Quando me contou essa história o rapaz demorou muito para contá-la, com muitos silêncios. E repetia: 'aquela pobre, pobre mulher!' Houve um silêncio longo e grávido enquanto eu absorvia tudo aquilo e então três palavras vieram à minha mente – 'mas e você?'

Ele não disse nada por um longo tempo, e aquilo foi o momento crucial da terapia. Até aquele ponto, ele nunca havia se sentido capaz de pensar o que aquela tragédia fizera com sua própria vida, por causa de seu senso de dever como filho, e porque o caso tivera um fim tão horrível. O silêncio trouxe tudo à tona para ele. 'Mas e eu, e eu?', ele continuou dizendo. No silêncio, ocorreu-lhe que não havia mesmo sido sua falta. Antes, sempre tinha sido 'ah meu Deus, eu deveria tê-la salvado!' Ele fez uma conexão que não teria feito se eu tivesse falado. A narrativa foi contada de uma maneira diferente no silêncio e houve, com isso, um resultado diferente."

Por meio do silêncio, continuou Hodson, as pessoas estabelecem conexões que não lhes ocorreram previamente. "Houve uma senhora de 80 anos que veio me ver porque estava deprimida. Como descobrimos, ela havia sido abusada sexualmente quando tinha apenas 4 anos, mas nunca contara isso a ninguém. Ela disse que achou que aquilo não teria nada a ver com sua vida presente."

"Usei o silêncio que se seguiu para fazê-la escutar o que acabara de dizer. Depois de uma longa pausa, ela falou 'o que você quer dizer? ... você acha?' Ela diagnosticara a si mesma pela primeira vez. Antes tinha ido a um médico que lhe perguntara se alguma coisa ruim tinha acontecido com ela nos últimos 3 anos. Ele deveria ter dito 76 anos atrás. Não existe calendário para o coração humano."

Em outro caso, o silêncio havia sido significativamente importante, mas de uma maneira muito diferente. Um casal do norte de Londres tinha ido até ele com um casamento que havia se deteriorado de modo tão sério que o marido estava dormindo no carro estacionado na rua. Tudo que faziam era brigar e tinham vindo procurá-lo em completo desespero.

"Até mesmo um homem cego poderia ter visto o que estava errado [disse Hodson]. Quando o marido falava, a mulher falava ao mesmo tempo, e vice-versa. Depois de algum tempo, bati palmas e disse: 'Silêncio! Nós vamos ter uma regra aqui. A única pessoa que pode falar é aquela que estiver segurando esta caneta. Agora vamos jogar uma moeda e ver quem fala primeiro. Vou dar a caneta para aquele que acertar o que deu na moeda e então vocês vão ter 5min cada para dizer o que quiserem'.

O marido ganhou e assim começou – e, como sempre, ela interrompeu. Tornara-se tão suscetível que sentia que tinha que se defender imediatamente. Disse a ela que se calasse. Ele estava na vez dele, que na verdade só durou 90 segundos. 'É isso?' [perguntei]. 'Sim' [respondeu, com um grande levantar de ombros]."

'Minha vez agora', a esposa disse, mas eu lhe disse que primeiramente teria de fazer uma coisa – 'me diga em suas palavras o que seu marido acabou de falar para você. Pode fazer isso?' Ela fez, embora não muito bem. Perguntou de novo se era a vez dela. 'Ainda não', disse eu. Virei para o homem e lhe perguntei se concordaria que *aquilo* era o que havia dito. 'Basicamente sim', respondeu.

'Aleluia!', disse eu, 'vocês acabaram de se comunicar!'

Então era a vez dela, e ela disparou como um trem expresso. Ele a queria interromper, mas eu o interrompi. Aquele casal não voltou mais para a terapia. Ele parou de dormir no carro, e eles começaram a usar as chaves do automóvel em vez de uma caneta para fazer a outra pessoa se calar. Nesse caso, na verdade tive apenas de impor silêncio!"

Hymie Wise passou uma parte significativa de seus anos como terapeuta tentando estar ao lado de casais cujos matrimônios estavam desmoronando. Eles talvez tivessem conversado bastante sobre as irritações superficiais que os fizeram perder a esperança sobre o relacionamento, antes de irem até ele. Sua incumbência, sente, é ir à raiz daquele desespero. Quando lida com um casal, cada um pode ter muito a dizer para se defender, mas os silêncios são frequentemente mais frutíferos.

"Escuto a história deles [disse] e me pergunto o que disseram sobre a mesma história no silêncio. Pergunto como se conheceram e como acabaram se casando. Suponhamos que frequentaram a mesma escola onde estivessem cercados de amigos. Ele pode ter pensado: 'Nossa, ela é muito atraente e gregária, enquanto eu sou do tipo silencioso. Gostaria de ter esse gregarismo'. Ela pode ter pensado: 'Sou um tanto instável. Gostaria de ter a firmeza dele'.

Ela é toda fervilhante, ele é todo estado sólido. Eles casam, pensando que vão complementar um ao outro. O tempo passa e ele começa a pensar: 'Não consigo ter uma conversa séria com essa mulher, ela é muito chata'. Ela pensa: 'Deus, ele é um parvo, frio, sem charme'. Eles chegam à conclusão de que a intimidade é impossível."

A questão, então, era fazê-los olhar de novo para o que eles esperavam do relacionamento. "Wittgenstein é meu filósofo favorito [Wise continuou], e ele disse que o corpo é a melhor imagem da alma. Assim, enquanto estou sentado com eles no silêncio, tento ver o que o corpo deles está me dizendo.

Algumas pessoas vivem dentro de suas cabeças, algumas são sinceras, muito emotivas, e algumas vivem na própria barriga. É possível que sejam muito fortes, muito teimosas, sempre em uma posição defensiva, mas muitas vezes não são capazes de estar em contato com seus sentimentos.

Agora, com esse tipo de casal sobre o qual estou falando, quando alguma coisa chega no ventilador, para ele vai direto para a cabeça, e, ela, para o coração. E eles são como navios que passam na noite. Ele vai olhar para as razões por que não estão se dando bem e dirá a si mesmo: 'Ela é histérica, ela não consegue se concentrar'. Ela estará dizendo: 'Ele é tão distante, como você pode falar com alguém que não consegue sentir?' Assim, eles estão diante de um abismo onde os dois se sentem sozinhos. Eles estão convencidos que não há ninguém ali."

O terapeuta precisa então chamar o casal de volta ao silêncio e tentar descobrir o que foi que os fez pensar e sentir daquela maneira. "Ele pode dizer: 'Meu pai me encorajou a ir bem na escola, e ele tinha muito orgulho de minha habilidade no campo de futebol'.

A história dela pode ser: 'Nós fomos ensinadas que, como garotas, não precisávamos ir à universidade', e daí ela se sentia de segunda classe. Ela não se sente aceita pelo que é. Há um trauma nisso tudo, minas terrestres em todas as direções."

"Portanto, aqui estamos nós no silêncio [disse Wise], e você tem que começar a dar nome aos monstros. Posso dizer ao marido: 'Notei que, quando você se depara com um problema, vai direto para sua cabeça e deixa todas as emoções para trás'. Para a esposa, 'você inunda o mundo com seu coração. Se pudesse apenas perceber que atrás da inundação há o medo de ser destruída. Quando você o escuta pregando de seu mais alto ponto de vista, você teme pela intimidade de seu relacionamento.' O casal, então, tem a chance de refletir sobre aquilo no silêncio."

Wise acha que 30% dos casais que tratou ao longo dos anos concluem ter cometido um grande erro e terminam o relacionamento, mas 70% – tendo identificado as raízes das causas de seus problemas – decidem ficar juntos e trabalhar a relação.

Às vezes, casamentos estão em risco por causa de profundos traumas que ficaram trancados no silêncio e permanecem sem cura.

"Não penso em termos de palavras ou silêncio [disse Patrick Casement] porque muita coisa está além das palavras, embora as palavras sejam usadas."

"Uma mulher que veio me ver tivera, por 5 anos, o que ela chamava dor ginecológica, e durante aqueles anos todos tinha achado que não podia ter relações sexuais. A mulher estava em seus 30 anos, isso estava causando um grande sofrimento ao seu casamento e havia um sério risco de o casal se separar. Ela havia visto inúmeros especialistas e só veio a mim como último recurso.

Ela tinha tido uma namoro longo com o marido. Eles casaram, compraram uma casa e a mobiliaram, deixando-a pronta para a chegada dos filhos. A primeira vez em que concebeu uma criança ela tivera um nascimento perfeito, mas, depois de seis meses, o bebê – um menino – começou a berrar e continuou berrando até morrer, o que ocorreu quando tinha um ano.

Então a experiência se repetiu. Ela tivera outro parto perfeito – uma filha, dessa vez – mas, aos seis meses, o bebê começou a gritar e, como da outra vez, continuou gritando também até morrer antes de completar um ano.

Havia uma chance genética de que aquilo tivesse acontecido pelas mesmas razões e, assim a mulher foi esterilizada. Naquele momento, porém, ela tinha ficado grávida de novo – e desse modo ela havia tido dois bebês mortos e um feto morto. Ela me contou tudo isso com um rosto impassível. Nenhuma emoção foi expressada.

Eu estava quase em lágrimas escutando tudo isso, mas tive certeza de que havia sentimentos com que ela não podia se permitir entrar em contato. Eu sabia que poderia ajudá-la.

Eu disse: 'Sinto que talvez você não tenha conseguido chorar essas mortes'. Ela respondeu que, desde o falecimento de seu primeiro filho, não fora capaz de chorar. Depois do funeral do bebê, tinha se sentido chorosa, mas havia 'segurado dentro.' Eu então falei: 'Tenho certeza de que posso ajudá-la, mas pode ser muito doloroso'.

Dessa forma, eu a conduzi através de toda a experiência e, gradualmente, ela se sentiu pronta para entrar em contato com sua angústia. E então, como chorou! Não quero descrever o que ocorreu ou nem ao menos tentar fazê-lo. A experiência foi além das palavras e o choro foi indescritível. No momento em que ela começou a ser capaz de suportar a dor emocional, essa dor não tinha mais que ser sentida no corpo e, com isso, a aflição ginecológica se acalmou. O que ela estivera colocando no espaço ginecológico era sofrimento não expressado."

Perguntei, então, se esse tipo de experiência havia sido totalmente exaustiva para ele. "Se eu não tivesse tido uma compreensão do que acontecia [respondeu Casement], teria sido esgotante, mas isso foi, na verdade, estimulante, porque senti que iríamos chegar a algum lugar. Ao final, ela conseguiu entrar em um período de luto que havia sido retardado por muito tempo. E daí tornou-se possível retomar a completa relação sexual, e com prazer."

Aqueles que vão ao psicoterapeuta estão comprando espaço e tempo. Silêncio e tudo que ele pode revelar é parte desse espaço. Esse mesmo silêncio é também um inestimável recurso para o terapeuta.

"Na minha parede, quando eu era criança [disse Hymie Wise], havia um quadro de uma coruja sentada em um galho de árvore, com os olhos fechados. Ela olhava para mim todas as noites antes de eu dormir. Abaixo dela, havia os dizeres:

> Uma sábia coruja velha vivia em um carvalho,
> Quanto mais via, menos falava,
> Quanto menos falava, mais escutava,
> Por que não podemos ser como aquela velha ave?

Aquilo ficou gravado em minha alma."

7

SILÊNCIOS QUE FALAM

Terá havido alguma vez, me pergunto, um silêncio mais longo e mais emocionante em algum teatro? Foi no final de uma peça chamada *Home*, de David Storey, a que minha esposa e eu assistimos no começo da década de 1970.

A peça é passada numa instituição mental e consiste, inteiramente, nas conversações tolas entre as internas, duas das quais são mulheres barulhentas e vulgares. Mas são, porém, os dois principais personagens masculinos, Harry e Jack, que atraem nossas simpatias, porque estão claramente pendurados nos farrapos de suas identidades, proclamando desesperadamente a respeitabilidade de suas vidas anteriores, tentando manter todos os tipos de verdades desagradáveis fora da conversa. O diálogo é irregular, pontilhado com humor, mas profundamente comovente.

Ao final da peça, Harry e Jack – interpretados por John Gieguld e Ralph Richardson – iam para a frente, no proscênio do palco, e olhavam para a plateia. As palavras iam sumindo, eles não diziam nada. Harry já estava chorando e Jack, também, logo estaria enxugando os olhos.

Enquanto eles ficavam ali parados, havia um silêncio mais intenso do que qualquer outro de que eu tenha tomado conhecimento no teatro – e esse silêncio continuou pelo que parecia alguns minutos. A tristeza deles nos envolveu a todos. Houve aqueles que choraram com eles. E foi um alívio quando as luzes foram se apagando vagarosamente, com os dois homens ainda ali, em pé.

Ninguém do público se moveu nem emitiu nenhum som, dominados como estávamos pelo *pathos* da vida deles. O silêncio era mais poderoso do que quaisquer palavras.

Aquele silêncio era, num sentido, a culminação de uma conversa que acontecera entre os atores e a plateia, ao longo da noite. É uma conversação que tem lugar sempre que o público vai ao teatro para ver uma peça, ouvir um musical ou ser entretido por um cantor ou comediante. Como qualquer intérprete irá dizer, interpretar os silêncios é tão importante quanto interpretar as palavras, porque ambos são parte daquela conversação. Ralph Richardson costumava dizer que "as coisas mais preciosas na fala são as pausas", e que atuar reside nessas pausas.

"No teatro [disse Penelope Wilton, que esteve nos palcos por mais de 40 anos e, recentemente, apareceu na série de televisão *Downtown Abbey*] a plateia é metade da noite. Você está se comunicando com eles todo o tempo, nos silêncios tanto quanto nas palavras, e eles captam tudo.

Por exemplo, se eu só empurrar meu cabelo para trás, eles pensariam 'qual é o problema dela?' Há mensagens, milhões delas, indo e voltando o tempo todo.

E eu as estou ouvindo o tempo todo, nunca paro, sempre tenho um ouvido lá fora. Se houver uma tosse fraca no canto superior da galeria, no maior teatro que você imagine, eu a escuto, embora não reaja."

Aquela conversa com a plateia, ela continuou, nem sempre requer palavras. "Eu uma vez assisti a uma peça chamada *Claybourne Park* no Royal Court e, numa cena, um homem está sentado tomando um sorvete em completo silêncio. A impressão que você tinha era que ele estava muito deprimido, embora nada fosse realmente dito.

Como mais tarde se revelou, alguma coisa terrível acontecera com seu filho na Coreia. Os atores sabem disso, mas a plateia ainda não. É alguma coisa que eles vão descobrir, mas seu estado de espírito pressupõe algo ruim, sem que nenhuma palavra seja dita."

Ela mesma fizera, certa vez, uma cena numa peça com uma jovem. "A menina sentia saudades da mãe e lembrava sua infância, e eu estava tentando tirá-la de sua tristeza. 'Você gostaria de fazer um desenho?', dizia a personagem que eu interpretava. 'Não', respondia a garota, 'Não aguento mais desenhar!'

Havia então um silêncio enquanto minha personagem está pensando 'o que posso fazer para que essa garota se sinta melhor?' A plateia podia ler meu processo mental – 'que raios faço aqui?' Eles podiam ver que eu não conseguia ter nenhuma ideia, e isso ficava claro, não pelas palavras, mas pelo silêncio.

Um ator tem que levar a plateia com ele na viagem que faz mentalmente. O silêncio é uma parte muito importante de deixá-los participar dessa viagem. Os silêncios permitem que eles venham com você, pensem com você, estejam com você.

Muitas dessas mesmas coisas acontecem com comediantes, continuou a atriz. Quando Jack Benny se apresentou no London Palladium, ele podia subir ao palco e não dizer uma palavra. Então ele simplesmente passava os olhos pela plateia e, sem que dissesse nada, as ondas de risadas se espalhavam pelo teatro.

Às vezes ele fazia uma pausa no meio de alguma piada. Por exemplo, contava que tinha sido atacado por um assaltante com uma arma que teria dito: 'Seu dinheiro ou sua vida!' Daí haveria uma longa pausa – que dava à plateia a chance de pensar o que quisessem – e então, quando ele sentia que havia chegado o momento certo, diria 'ainda estou pensando sobre isso'. Quanto mais longa fosse a pausa, mais a plateia riria. 'Silêncio [disse Wilton] é fantasticamente importante.'"

Em todos os tipos de teatro, é a chance de a plateia se tornar mais imersa em uma interpretação, saborear seu humor, apreciar suas nuanças, refletir em seus significados, ser movida por suas paixões – compartilhar, de todas as formas, o drama.

"É como um contrapeso em uma *performance* [disse April Pierrot, uma canadense que ensinou no Royal Academy of Dramatic Art (Academia Royal de Arte Dramática) por 20 anos]. Há uma grande quantidade de significados nos silêncios propriamente interpretados. Eles são onde a plateia entra mais profundamente no sentimento e no pensamento dos atores. Se aquela reflexão, se aquela reação da parte deles não acontecer, então a interpretação está num nível muito superficial.

Os processos do ator, que são um amálgama de pensamento, sentimento e ação, são o que a plateia precisa para ser bem-vinda – e, se o silêncio é uma parte natural desse processo, então a plateia vai ser conduzida por ele também. Se um desses elementos, e o silêncio em particular, está faltando, o público não será capaz de responder no mais profundo dos níveis.

Os silêncios, sobretudo, dizem muitíssimo sobre um personagem. Estes dias, de muito drama, o que é visto é somente personalidade, ego e grandes emoções e, ali, silêncio é menos importante, mas o melhor drama é deixar claro todo o tempo o que está acontecendo abaixo da superfície.

Como plateia, queremos ver as coisas reais subjacentes e, para alcançar isso, os intérpretes têm de permitir que os silêncios falem por si mesmos. Se eles só pensarem em termos de personalidade, então é bem possível que não consigam ser bons atores."

Dito isso, o uso do silêncio no teatro também traz riscos enormes. Como no discurso, *timing* é tudo. "Se você vai alcançar um silêncio significativo numa peça de Shakespeare [disse Tim Pigott-Smith, que atua há mais de 40 anos], ele precisa ser trabalhado por todos no palco. O silêncio interrompe a linguagem e pode ser muito potente, contanto que você leve a plateia com você."

"Se, por outro lado, isso não for acordado pelos atores, a plateia não vai saber quanto tempo vai demorar, e o silêncio será uma bagunça total. Por isso o silêncio é um perigo. Da mesma forma, se você pode trabalhar em direção a um silêncio e a plateia souber o que está acontecendo, esse silêncio pode ser muito poderoso. O assassinato de

Júlio César, por exemplo, pode ser feito sem que ninguém diga nada e assim intensifica o foco maravilhosamente.

Eu lembro de um momento esplêndido em *Romeu e Julieta,* com Ian Holm e Estelle Kohler. Ian é bem pequeno e a varanda do cenário é muito alta. Desse modo, ele ficou em pé numa parede e ela deitou no chão da varanda. Ela colocou sua mão pra baixo e ele apenas conseguiu tocar seus dedos.

Aquilo foi um inesquecível momento, depois de todas as palavras terem sido ditas. Havia concentração, síntese, foco, e aquilo resumia tudo o que havia acontecido antes.

Portanto, silêncio é uma ferramenta muito poderosa no teatro e, se usada de modo apropriado, pode ser mais poderosa do que qualquer outra coisa. Em termos puramente técnicos, é também uma maneira de acalmar uma plateia inquieta.

Se você falar mais alto para compensar tosses ou desassossegos, isso não vai nunca dar certo. Se, por outro lado, você baixar seu nível de voz, eles realmente terão que ouvir – e, se você parar no meio de uma sentença, eles vão se tornar conscientes do barulho que estão fazendo e isso fará com que voltem a se concentrar em você. Isso é uma coisa que só é possível fazer instintivamente.

Eu costumava gostar de fazer um grande barulho quando era um jovem ator, mas isso simplesmente não funcionava. Quando estava interpretando *Rei Lear,* Ian McKellen me disse, 'Eu não consigo estar satisfeito até conseguir interpretar cada linha da maneira mais serena que me for possível'.

Na pequena peça em que estou atuando nesse momento – *Educating Rita* – tenho que tirar minha jaqueta no fim de uma cena em que Rita sai do palco. Daí, em vez de ter um apagão e a energia da peça se dissipar, nós temos um palco meio iluminado e eu me mexo para pegar uma mesa.

A plateia está focada porque eles sabem que é assim que vou ensinar Rita. Portanto, a coisa toda é feita em completo silêncio, mas aquele silêncio é bastante intenso porque nós estamos mantendo a energia da peça e a plateia está observando tudo intensamente."

Os atores e atrizes que estão estudando e frequentam a Rada (Royal Academy of Dramatic Art, Academia Royal de Arte Dramática) passam 3 anos lá aprendendo como usar tanto o silêncio quanto suas vozes. "A questão do silêncio está sempre na mesa [disse Willi Richards, que ensina lá há 19 anos] porque os atores são treinados para o silêncio tanto quanto para o discurso. No momento em que a cortina se abre, eles têm que estar sintonizados no silêncio e também nas palavras, portanto nós gastamos muito tempo fazendo-os aprender como não fazer nada e não dizer nada enquanto estão no palco."

"Claro, nós ensinamos a eles técnicas de interpretação [disse Tom Wakeley, um preparador vocal na Rada], mas a habilidade de ser aberto para uma plateia é, em parte, um presente de Deus. Esta é uma razão por que pedimos a nossos estudantes que interpretem diante de uma plateia de professores e outras pessoas da faculdade, antes de saírem e interpretarem em público.

É então que frequentemente acontecem coisas memoráveis, coisa do presente de Deus que você não pode ensinar. Você pode dizer a um estudante que ouça à plateia e como usar o silêncio, mas você não pode dizer 'use tantos segundos', porque é um problema de sentir. Não se esqueça, é a coisa mais aterrorizante para um ator, estar de pé no palco e não fazer ou não dizer nada. Por outro lado, se eles o fazem bem, é fascinante."

Para que um ator seja capaz de produzir interpretações mágicas, disse April Pierrot, é preciso também que ele desenvolva um silêncio *interior* enquanto estiver no palco. "Há todos esses clichês sobre o fato de que silêncio no drama é absolutamente essencial. Nós dizemos a eles 'vocês têm de deixar o material falar por si mesmo, vocês têm de escutar os outros atores, têm de estar no estado certo para interpretar', e assim por diante, mas fazer tudo isso, de modo adequado, vem de um ator ser capaz de se entregar a um silêncio interior – ficar por algum tempo dentro do texto de uma maneira muito silenciosa. É exatamente o mesmo para um músico."

"Para alcançar isso, o corpo e os sentimentos têm de estar casados com o intelecto. Se os atores usarem apenas suas mentes, eles não estarão naquele silêncio interior. É muito difícil ser físico, mental e emocional ao mesmo tempo, mas você precisa de um casamento de todos esses elementos para criar uma excelente interpretação.

"É aquele silêncio interior que possibilita a um ator escutar a plateia e, ao mesmo tempo, estar presente na interpretação. Daí eles estão arrebatados, absorvidos – e aquela qualidade de arrebatamento em um ator é alguma coisa que é transmitida para a plateia, se eles forem receptivos e perceptivos. Eles estão absorvidos, imersos tanto quanto os intérpretes estão." Esse arrebatamento, a completa absorção, é o que nós sentimos quando vimos Gieguld e Richardson em *Home*.

Não há direções de palco para o silêncio em Shakespeare, embora os silêncios estejam ali, claramente exigidos pela ação e esperando para serem explorados de todos os modos por um diretor sensível.

Quando perguntam a Cordélia o que ela pode dizer para melhorar as declarações de amor que suas irmãs fizeram ao pai delas, ela responde: "'Nada', e quando Lear replica: 'Nada pode vir de nada', o silêncio é ameaçador e cheio de presságios. O solilóquio de Hamlet 'Ser ou não ser'" tem, forçosamente, que ser cheio de hesitações, pausas e silêncios, porque ele está pensando em tirar sua própria vida.

Em *The Winter's Tale,* a esposa de Leontes, Hermione, é erradamente acusada de infidelidade e mandada para a prisão. O marido dela, ao final, entende que suas suspeitas eram bastante injustificadas, mas assume que, depois de 16 anos, ela deve estar morta. Então, quando ela ressurge na forma daquilo que inicialmente parece ser uma estátua de mármore, mas se torna uma mulher viva, Leontes emudece e Hermione, no começo, não fala nada. Se houver um bom diretor, o silêncio que se segue pode ser muito comovente, com Leontes despedaçado de culpa pelo que fez.

Há cerca de um século, o silêncio se tornou uma característica ainda mais proeminente na arte do dramaturgo. Já não se permite aos diretores que decidam quando os silêncios seriam apropriados. Dramaturgos com frequência os especificam no texto e, nos casos de Samuel Beckett e Harold Pinter, as pausas e silêncios são, como indica o biógrafo de Pinter, o destacado crítico teatral Michael Billington, "meticulosamente orquestrados".

Em *One for the Road*, Pinter exige nada menos do que 18 pausas no espaço de quatro páginas, e em uma página de *The Caretaker* há sete pausas e dois silêncios. Ele até mesmo faz variações no número de pontos entre as palavras para indicar a duração de uma pausa, quase como um músico escrevendo uma partitura.

"Às vezes há dois pontos, às vezes três [disse Billington], é há essa história legendária de Pinter assistindo a um ensaio de uma de suas peças e dizendo: 'Acho que você está me dando uma pausa de dois pontos quando pedi uma de três pontos'. Para ele, a pausa significava uma hesitação breve e disfuncional, enquanto um silêncio implicava uma mudança de humor ou emoção.

Ele acreditava que as palavras, sozinhas, não podem transmitir significado, e que é o silêncio que pode expressar o que está além das palavras. Ele até mesmo escreveu uma peça chamada *Silence*."

Billington uma vez perguntou a Pinter quando descobrira pela primeira vez o poder da pausa. Pinter respondeu que estava indo ao London Palladium, na segunda metade dos anos de 1940, para ver Jack Benny interpretar. Depois de assistir à maneira pela qual Benny brincava com o público, com pausas e silêncios, para conduzi-lo ao final de uma piada, deixando-o mais ansioso com expectativas o tempo todo, ele percebera o que poderia fazer com a pausa em suas próprias peças.

Nos anos em que fora ator, também havia sido influenciado ao trabalhar ao lado de Sir Donald Wolfit, o grandiloquente ator e empresário nos anos pós-guerra. Ele vira Wolfit uma vez, em *Édipo Rei*, de Sófocles, dar as costas para a plateia com uma capa estendida e observou o poder dramático daquele gesto silencioso.

Para Pinter, disse Billington "o uso do silêncio é também uma utilização sagaz dos recursos de um ator e ele é muitas vezes, particularmente em suas últimas peças, uma maneira de deixar clara a seriedade de uma situação.

Ele usava isso para um efeito cômico também. Por exemplo, em *The Caretaker*, no qual os três homens estão vivendo em um apartamento medonho, cheio de lixo, há um vazamento no teto e eles estão todos olhando para o vazamento e observando a água gotejar. A água cai, os risos se acumulam e os silêncios ficam mais longos!"

Ler o roteiro revela a maneira magistral na qual Pinter explora as gotas e os silêncios.

> Uma gota cai ruidosa no balde.
> *Mick*: "Você ainda está com aquela goteira?"
> *Aston*: "Estou." *Pausa*. "Vou ter que tapar com alcatrão."
> *Mick*: "Você vai tapá-la?"
> *Aston*: "Vou."
> *Mick*: "O quê?"
> *Aston*: "As rachaduras."
> [Pausa.]
> *Mick*: "Você vai tapar as rachaduras do teto?"
> *Aston*: "Vou."
> [Pausa.]
> *Mick*: "Acha que vai adiantar?"
> *Aston*: "É uma solução provisória."
> *Mick*: "Hã!"
> *Davies* [abruptamente]: "O que é que você faz...?"
> [Ambos olham para ele.]
> "O que é que você faz... quando o balde fica cheio?"
> [Pausa.]
> *Aston*: "Esvazio ele."

As risadas saem da página, mesmo para quem não está no teatro.

Pinter também usa o silêncio para produzir tensão dramática. Em *Old Times*, os silêncios trazem uma ameaça de revelações desconfortáveis, enquanto os personagens relembram o passado de suas vidas. O que, a plateia se pergunta, vai acontecer depois de outro silêncio?

Ele usou o silêncio até mesmo para criar um sentido de ameaça de um tipo muito diferente. "Em *Old Times* [disse Tim Pigott-Smith] Deely está discutindo com uma visitante que o vê como um rival e ele pergunta se ela gostaria de mais uma bebida."

"Eu costumava apanhar uma garrafa de água da garçonete e ir em direção à mulher com a garrafa. Você poderia brincar com a ambiguidade. Dava um meio sorriso, mas a plateia não sabia se eu iria servir uma bebida ou bater na mulher com a garrafa. É a coisa mais ameaçadora que fiz num palco."

Pinter não era, de jeito nenhum, o único dramaturgo a dispor do silêncio de uma maneira inteiramente diferente. Samuel Beckett era outro que acreditava que (o silêncio) poderia ser tão expressivo quanto a fala. *Waiting for Godot* (Esperando Godot), apresentada pela primeira vez em 1955, tem quatro personagens, mas o silêncio torna-se o quinto. Há até seis direções para silêncio em uma página, e a peça funciona apenas se for cheia de silêncios expressivos.

Beckett também escreveu uma peça chamada *Breath*, que é o equivalente teatral da peça musical de John Cage 4'33''. Embora não haja texto, Beckett disse com ironia que "é escrita em inglês". A cortina abre para um palco repleto de lixo, a ação "consiste" em 30 segundos de silêncio, interrompida por dois "fracos, breves" gritinhos de choro e o som da respiração, o qual Beckett direciona que deve ser amplificado. É a coisa mais próxima que temos de uma peça sem palavras e em quase completo silêncio. Nem é preciso dizer, não foi um grande sucesso.

Essa orquestração deliberada de silêncio, disse Billington, é essencialmente um fenômeno do século XX e ele considera Chekhov como "o primeiro gênio que percebeu que uma peça tem que conter os três elementos, fala, silêncio e efeitos sonoros, para criar o realismo sinfônico do qual o silêncio é uma parte tão essencial".

O final da obra-prima de Chekhov *The Cherry Orchard*, (O Jardim das Cerejeiras) encenada pela primeira vez em 1904, é uma ilustração perfeita desse realismo sinfônico. Madame Ranevsky e sua família tiveram de vender sua bela propriedade rural, as janelas estão fechadas e eles estão saindo para pegar o trem para Moscou. Há o som das portas sendo trancadas e das carruagens partindo. E então há silêncio e, na quietude, há o som de um machado abatendo as belas cerejeiras.

Infelizmente, a família não havia percebido que tinham deixado Firs, o criado de 87 anos, trancado na casa vazia. A última coisa que vemos é Firs lamentando o fato de ter sido totalmente esquecido. "Eita!", diz, "não presto para nada", e se deita.

Então, no silêncio, um som é ouvido e parece vir do céu. É como uma corda de harpa se rompendo e some gradualmente, como que lamentando. Tudo fica quieto de novo, e nada é ouvido, exceto o machado ao longe, no pomar. "O som da corda da harpa se rompendo [disse Billington] insinua que os vínculos da sociedade estão também sendo rompidos, que a revolução está chegando. Nenhuma palavra é dita, mas é um dos mais poderosos finais no drama moderno."

O que é, porém, que fez com que dramaturgos como Beckett e Pinter estancassem a torrente de palavras que vinha encharcando os palcos ingleses por mais de 300 anos, e abraçassem o uso do silêncio de um modo tão revolucionário?

"Uma das razões [disse Billington] é que, em algum momento, os dramaturgos do século XX começaram a desconfiar da linguagem, da fala e das palavras com sua capacidade para a hipocrisia e a ofuscação. Pinter estava sempre atacando políticos por suas distorções da linguagem. A redescoberta do silêncio está vinculada à maneira como a linguagem pública estava sendo utilizada indevidamente.

A segunda coisa é que muito do drama moderno é sobre espera. *Waiting for Godot* é na verdade sobre a vida humana como um processo de espera, e houve outras peças nos anos de 1950 que eram sobre o tédio da existência.

As velhas certezas da religião e da política não mais existiam, e essas eram peças que expressavam esse sentido do absurdo da vida. Como a espera se tornou um símbolo dramático, houve uma crescente exploração do silêncio.

Outra razão para que o silêncio se tornasse mais importante no drama do século XX é que houve um crescente minimalismo em todos os tipos de arte. Você pode vê-lo na pintura, na música e no teatro. Os artistas estavam tentando descobrir quantas coisas seria possível excluir e o silêncio tornou-se um componente mais importante quando houve essa busca pelo mínimo absoluto.

Há toda uma escola de teatro no momento que é antitexto e antilinguagem. A *avant-garde* acredita que o teatro vem sendo afogado em palavras. A frase 'teatro baseado em palavras' é pejorativa na visão desses autores. Eles querem escapar do peso verbal do passado. Eles estão muito mais interessados nos pensamentos, nas emoções, no uso do corpo e no silêncio.

É claro que a glória do drama inglês é a palavra, mas há uma nova geração que quer abandonar tudo isso e voltar às raízes do teatro no silêncio e na mímica. E é verdade que, se você é dominado pelo poder do silêncio numa peça, você se identifica tão fortemente com a ação do drama que as palavras tornam-se inadequadas."

Penelope Wilton atuou em várias peças de Pinter e Beckett, e experimentou o impacto dramático delas. "Beckett escreveu uma peça chamada *Krapp's Last Tape*" (A última gravação de Krapp), disse ela, "na qual, nos primeiros 10min, não há nenhuma palavra falada. Krapp abre uma gaveta, pega duas bananas e as come em completo silêncio. Depois ele pega algumas fitas e as toca. É um homem analisando sua vida. Ele diz apenas três ou quatro coisas e a peça dura 1h15min."

"Há outra peça de Beckett que se chama *Eh Joe* e, nela, existe uma voz que fala com Joe. Uma vez interpretei a voz. Joe está sentado na cama. Ele olha embaixo dela, fecha a porta, olha pela janela, fecha as cortinas e olha na última gaveta de seu guarda-roupa.

Depois senta-se outra vez na cama e essa voz, do nada, começa a levá-lo através de sua vida e todas as mulheres a quem tratou mal. Fica dizendo: 'Você se lembra dessa, Joe?'

Isso é realmente minimalista [eu disse, insinuando que não tinha perdido muito por não ter visto a peça]. 'Sim, é [replicou ela], mas as repercussões são enormes. Elas podem revelar a vida inteira de um homem.'"

Da mesma maneira como nosso mundo contemporâneo explodiu em sons, muitos deles vulgares e efêmeros, alguns de nossos dramaturgos recorreram a silêncios significativos.

Isso encontra eco nas pessoas que treinam nossos atores. "Silêncio é uma forma crucial de comunicação [disse Willi Richards]. Talvez seja até mesmo fundamental. Nós temos essa ideia egocêntrica de que apenas nossas declarações têm valor e de que o silêncio só é útil porque valoriza essas declarações, mas o silêncio talvez seja a coisa mais importante."

8

Optando pela vida tranquila

Não pode haver muitas universidades no mundo em que não há absolutamente ninguém às oito da manhã. Eu estava visitando a Maharishi University of Management em Fairfield, no Estado americano de Iowa e, bobamente, tranquei-me para fora de meu quarto. Andei para cima e para baixo na rua esperando encontrar alguém que pudesse me ajudar. Não havia ninguém à vista.

Como último recurso, liguei para a emergência no saguão do Maharishi Men's Peace Palace, onde eu estava hospedado – há um Women's Peace Palace bem ao lado –, mas tudo que ofereciam era uma mensagem dizendo onde eu estava, alguma coisa que eu, felizmente, já sabia.

Ao final, entendi. Os 1.300 estudantes e funcionários do local, o principal centro americano para o curioso e fascinante fenômeno da Meditação Transcendental estavam, presumi, todos meditando, ou nas duas cúpulas douradas rua abaixo ou, ainda, no espaço privado de seus próprios quartos. Assim como em outros centros de MT que eu havia visitado, o café da manhã não começava até às 9h. Para aqueles que praticam a forma de meditação MT de maneira séria, as 2h anteriores são sacrossantas.

Por último, achei um segurança – não um praticante de MT – que gentilmente me dirigiu até Fairfield, uma agradável cidadezinha que também provou ser surpreendentemente quieta naquele momento, talvez porque uma considerável parcela de sua população também praticasse MT. Pela ausência de alguma alternativa óbvia, consolei-me com um bolinho de mirtilo e uma xícara de chá num posto de gasolina.

Surpreendente, na verdade, que uma instituição baseada nas ideias de um homem sagrado indiano, Maharishi (literalmente grande profeta) Mahesh Yogi, possa ser encontrada numa remota cidadezinha do centro-oeste; e, até mais surpreendente, que uma universidade americana baseie-se, como essa, no silêncio, a última coisa que alguém espera nos Estados Unidos, esse carnaval de palavras e música de uma ponta a outra, 24h por dia e 7 dias por semana.

O silêncio realmente importa nesta universidade. Todos os estudantes têm de completar um curso de Desenvolvimento de Consciência que envolve uma quantidade considerável de meditação – e não podem passar para o semestre seguinte a menos que tenham preenchido as exigências requeridas pelas autoridades universitárias.

"Você tem que tomar parte em pelo menos 70 grupos de meditação em cada semestre [disse um queniano que está fazendo seu doutoramento em Estudos de Gestão], mais um curso de residência que dura dois dias. Há ainda um encontro a cada semestre para todos os estudantes, em que se discute meditação e as pessoas compartilham suas experiências pessoais.

Cada vez que você medita, precisa passar seu cartão de identidade para mostrar que esteve no grupo de meditação. Se você não for com a frequência requerida, recebe um e-mail de aviso. E daí, só para ter certeza de que você está obtendo tudo o que deveria de sua meditação, um professor certificado em MT verifica seu progresso duas vezes por semestre."

Então é por isso, pensei, que havia um aviso do lado de fora de uma das salas do Maharishi Men's Peace Palace no qual estava escrito "Verificação Pessoal da Técnica MT em Progresso". Para meu espanto, descobri que, ao final de cada classe da manhã, havia um período de meditação obrigatório que durava 10min.

Maharishi, o incentivador de tudo o que acontece no *Campus* de Fairfield, começou a ensinar MT nos Estados Unidos e na Grã-Bretanha pela primeira vez na década de 1950. Para seus seguidores britânicos, o momento de sua chegada por lá – 13 de dezembro de 1959 – é algo extremamente positivo, o começo de uma nova vida para eles. Ele veio proclamando grandes ambições – criar a paz mundial, não menos – mas propôs uma prática espiritual muito simples: meditar por elas 20min, duas vezes por dia.

Sua mensagem não implicava nenhum óbvio conteúdo religioso, não era uma filosofia ou sistema de crenças, e não envolvia refletir sobre as condições morais e espirituais de ninguém. "Considera que a vida de alguém não é parte do processo de MT" [disse Richard Johnson, o diretor nacional de MT na Inglaterra]. A velha e pedregosa estrada da confissão e arrependimento não estava no programa.

O que a MT prometia era que, como seus barulhos internos seriam aquietados no silêncio, você experimentaria um quarto estado de consciência além de dormir, sonhar e estar acordado; e que, tendo conquistado este estado, você se tornaria consciente de seu mais profundo e excelente eu. Esse momento de "transcendência", prometia a MT, seria feliz e ajudaria as pessoas a descobrirem conforto e estabilidade, o que as permitiria florescer em cada aspecto de suas vidas.

"Quando você pratica MT [disse Anne-Marie Wilson, uma professora de MT em Oxford], automaticamente se aquieta e alcança um profundo estado de descanso, medido como sendo duas vezes mais profundo que o sono profundo."

Tudo isso teve considerável apelo a uma geração que estava afastada da religião organizada. Oferecia um escape da tensão e da cacofonia de suas vidas. Parecia ser a um só tempo disciplina e menos culpa, carregava um aroma de promessa do oriente, e não parecia lhes pedir muito.

"A maioria das pessoas nesse país [disse Charles Cunningham, um dos publicitários ingleses da MT] não pratica a MT por razões espirituais. Elas o fazem para ter ajuda em suas vidas ocupadas – para se sentirem calmas, mais no controle, para dormir melhor, para se tornarem mais robustas emocionalmente."

O impacto da MT aumentou muito depois de celebridades como os Beatles subirem a bordo do comboio de Maharishi. Cursos recém-qualificados de professores de MT tornaram-se disponíveis, muitas vezes por um preço modesto. Aqueles que se inscreviam recebiam um mantra – uma palavra "sagrada" para ser foco de concentração – escolhido pelo professor dentro de uma gama de 30 palavras, que estivesse de acordo com a leitura de seu caráter e necessidades. Eles tinham de prometer não divulgar seu mantra para ninguém.

Não há dúvida que a MT forneceu um cordão de segurança para muitos, em todos os níveis. Anne-Marie Wilson, que mal suportava falar com a mãe, conseguiu se dar muito melhor com ela depois que começou a meditar. Barry Spidach, que aprendeu a meditar enquanto estava em Oxford, "dormia melhor e ria muito mais!"

Carole Branson, então diretora de uma escola primária em Hertfordshire, tinha se sentido "para baixo, infeliz e cansada" depois de se casar, em 1975, com um marido que, segundo afirmava, tinha problemas com álcool. Ela se deparou com a MT, foi a uma palestra, encontrou "homens de fala agradável usando ternos" e decidiu que preferiria gastar £40 (cerca de R$ 200) para aprender a meditar, do que comprar roupas que, de qualquer maneira, logo estariam fora de moda. Sem a MT, ela disse, é possível que eu não tivesse sobrevivido.

Stephen Warren, um contador aposentado, encontrou a MT em 1975, quando tinha 28 anos e "atravessava um período muito estressante. Haviam acontecido muitas mudanças de uma só vez no trabalho, ele tinha começado a beber dois cálices de xerez quando chegava em casa, e temia estar rumando para um colapso nervoso quando chegasse aos 40."

"Então vi um *poster* de MT dizendo que oferecia alívio para sintomas psicossomáticos e pensei 'é isso que eu tenho'. Quando fui encontrá-los, esperava ver um guru indiano falando um monte de bobagens orientais sem sentido, mas o que descobri foi um jovem suave, de terno. Gostei dele imediatamente.

Depois de aprender um pouquinho sobre MT, tive o sono mais belo da minha vida, e um monte de tensões começaram a ser liberadas. Nos primeiros dias, praticava os 20min duas vezes por dia, e tive outro sono maravilhoso. Na segunda-feira de manhã, eu era uma pessoa diferente no trabalho. Em vez de estourar com qualquer um que interrompesse meus processos de pensamento, me vi dizendo 'bom dia, tudo bem com você?' Fez com que me sentisse muito melhor." Isso soa como uma versão de nascer de novo, mas sem a bagagem usual da religião.

Para aqueles que acham que as meditações de 20min são frutíferas, mas querem ir mais fundo, Maharishi apresentou uma forma de praticar mais intensa em 1975. Não há certamente nada do tipo disciplina *light* no Programa MT-Sidhi, como descobri quando passei a noite no *Bed and Breakfast* de Carole Branson em Rendlesham, no condado inglês de Suffolk.

Cheguei pouco depois das 5h da tarde, mas descobri que ela não se encontrava lá para me dar as boas-vindas porque estava na prática do começo da noite numa sala de meditação dedicada a isso, e não poderia ser incomodada. Sidhas (os praticantes de Sidhi), como verifiquei, meditam por até 2h duas vezes por dia, de manhã e no começo da noite, e cumpriam essas horas com regularidade inabalável.

Assim, depois de Richard Johnson, que estava lá para fazer as apresentações, ter me perguntado se eu não me importava em tirar os sapatos – outra característica da vida da MT que imitava um hábito oriental – me mostraram o quarto mais impecavelmente limpo que já vi em minha vida. Se tivesse que achar meu caminho ao paraíso, imagino que os quartos de dormir seriam algo assim, possivelmente à exceção da fotografia de um Maharishi sorridente que encontrei olhando para mim em meio à brancura brilhante.

Quando Carole finalmente chegou, estava relutante em falar muito sobre o que estivera praticando nas 2h anteriores, por medo de fazer com que outros praticantes de MT achassem que estavam meditando de forma errada. Ela disse, porém, que envolvia exercícios de respiração, posturas de yoga, repetição de sutras – dizeres em sânscrito originários dos Vedas que, de novo, você não revela para ninguém – e o voo iogue.

Voo?, perguntei. Sim, disse Carole, em determinado momento, quando você está num nível interior muito profundo, você repete um sutra em particular e acontece – seu corpo sai do chão.

Alguns diriam, ela acrescentou, que você só poderia voar se estivesse sentado na posição de lótus, mas não havia como ela pudesse alcançar aquilo dada sua idade – 59 anos – e seu peso. Ela certamente nunca tinha esperado voar, mas, menos de um segundo após ter repetido o sutra, seu corpo se deslocou para cima.

Nada incomum sobre isso, disse Johnson. Todos os sidhas esperam fazê-lo. Você sentava em um colchão de espuma e, num certo momento de transcendência do programa MT-Sidhi, você experimentava um "tipo de impulso" e seu corpo subia espontaneamente, sem o menor esforço. E não era apenas um pulinho, havia evidência de pessoas ficarem no ar por bem mais do que um breve momento.

A experiência era bem-aventurada – uma palavra favorita na MT – mas não era um exercício egoísta, disse Johnson. Você estava fazendo isso pelos outros, porque quando pessoas em número suficiente voavam juntas, isso "dissolvia a negatividade do ambiente e criava uma onda de positividade". De alguma forma, aquilo não era muito diferente dos benefícios que mosteiros e conventos e, com efeito, qualquer grupo de fé, esperava conferir às comunidades que vivem perto deles. A virtude pode ser sua própria recompensa, mas outros também podem se inspirar nela.

Era por isso que, Johnson prosseguiu, sidhas de toda a Grã-Bretanha sincronizavam suas atividades de voos. As horas combinadas para voar – as quais, sou tentado a dizer, não requerem controle de tráfego aéreo – são oito da manhã e seis da tarde. Se tudo isso parece ilógico em palavras, vale lembrar que há doutrinas cristãs que soam igualmente fantásticas para céticos. Mesmo assim...

O silêncio, disse Carole, era de onde tudo isso vinha. As 60 casas na pequena propriedade da MT em Rendlesham, onde ela vivia, são todas designadas como "casas de silêncio", de acordo com os princípios da arquitetura védica.

Cada uma delas tem um brhamastan – centro silencioso – que traz um raio de luz para a casa que vem de um tipo de cúpula, no teto, para um painel de vidro no chão do quarto. "Aquele [disse John Renwick, que desenhou as casas] é o núcleo de silêncio da casa." Tudo aponta para o céu, acrescentou Carole, com devoção.

Todas as casas ficam voltadas para o leste, e isso, disse ela, significa que "vamos ter o apoio da natureza". Os Maharishi, na verdade, haviam declarado que todos os praticantes da MT cuja casa não estivesse voltada para o leste deveriam sair de lá como se ela estivesse pegando fogo. Todas as entradas eram voltadas ou para o leste ou para o norte, o quarto principal fica acima da sala de meditação e todos os resíduos são descartados para o sul.

Tudo isso começou a nos fazer sentir como se fosse dado aos praticantes de MT uma vantagem na vida espiritual: eles certamente acham que sim. "Isso [disse Carole] é uma casa aconchegante e protetora, que me ajuda a ser o tipo de pessoa que quero ser. Nunca tive uma casa antes que me amasse como essa me ama. Ela contribui para o silêncio e, sem ser muito 'Nova Era' sobre isso, é de um silêncio afetuoso, como uma mão que nos guia na direção certa."

É interessante notar que ambos, Carole e Richard, foram criados como católicos. Houve, ela lembrou, um período bastante longo no qual se perguntava se a MT era adequada, mas percebeu que sim e também que, na verdade, a ajudara a entender melhor sua própria fé.

Richard, por seu turno, agora vai à missa apenas ocasionalmente e a impressão que tive ao encontrar os praticantes de MT na Grã-Bretanha e nos Estados Unidos foi que a prática da MT, em muitos casos, tomou o lugar de qualquer religião que eles possam ter tido antes. Mas uma boa parte de suas crenças originais, entretanto, permaneceram: Carole, por exemplo, ainda acredita na transubstanciação – a convicção de que o pão e o vinho se transformam no corpo e no sangue de Cristo durante a Eucaristia.

Não havia certamente escassez de fé entre aqueles que deram início à colônia de MT em Skelmersdale, no condado inglês de Lancashire, durante a década de 1980. A meta daqueles que afluíram àquele improvável local era provar a validade de uma das mais queridas teorias de Maharishi – e que muitos podem ver como uma das mais inteiramente improváveis: que se a raiz quadrada de 1% de qualquer comunidade meditasse (e possivelmente voasse) junta, aquela comunidade seria radicalmente transformada. A atividade econômica iria florescer, os índices de criminalidade diminuiriam. Assim, quando 75 casas populares vazias ficaram disponíveis em Skelmersdale, praticantes de MT convictos de toda a Inglaterra arriscaram-se e foram para o norte. Para alguns, era um ato de sacrifício extraordinário pela fé.

"Este é, na maior parte, um enclave do sul [disse Bill Stevens, um ex-professor de MT de Londres], e viemos para cá para que pudéssemos meditar juntos duas vezes ao dia. Quando as pessoas meditam sozinhas, é como jogar uma pedrinha em um lago, cria uma série de ondas que vão para a consciência coletiva. Quando muitas pessoas meditam juntas, é como jogar uma rocha. Criam-se ondas, e o impacto delas pode ser medido."

No início, a meta era reunir 800 meditadores na pequena cidade de Lancashire. Tristemente para a MT, eles nunca chegaram a juntar nada parecido com esse número. Mesmo assim, quando o Domo de Ouro foi inaugurado em 1988, havia gente o suficiente para que Richard Johnson se sentisse capaz de reivindicar que, como resultado de seus esforços coletivos, o índice de criminalidade em Liverpool – a aglomeração urbana mais próxima – tinha caído, contra a tendência e, de fato, permaneceu mais baixo do que viria a ser nos 5 anos seguintes. Aquele foi, entretanto, o último viva dos praticantes.

A comunidade de MT agora tem apenas 180 pessoas e, embora a fé e a prática continuem altas, o que conseguiram alcançar é modesto diante da meta original.

Todas as manhãs e fins de tarde, os fiéis – a vasta maioria dos quais com mais de 50 anos – aparecem no Domo para meditar, homens e mulheres separados, e um bom número deles valoriza tanto as horas em silêncio que embarcam em programas que requerem que meditem por períodos ainda maiores.

Quando eu a conheci, Annie Mercer, uma ex-aluna da Universidade de Oxford e esposa do diretor de meio expediente da comunidade, estava envolvida em um programa curiosamente chamado Assembleia Invencível. Ela passava nada menos do que 9h por dia no Domo e estava fazendo isso por quinze dias.

Ainda assim, apesar de toda a dedicação, a MT não está florescendo como o fez em um determinado momento. Stevens calcula que haja entre 50 e 100 professores de MT qualificados na comunidade de Skelmersdale, mas, desses, apenas alguns poucos ainda ensinam. Ele mesmo ensinou por 20 anos, e havia desistido há algum tempo – "Fiquei farto de viver sem dinheiro" – e agora é um executivo sênior na indústria de construção.

"Há talvez dez pessoas aprendendo MT todos os meses em Skelmersdale [concordou Titus Mercer], enquanto temos capacidade para ensinar 1.000. Não há demanda suficiente no local."

Nos Estados Unidos, ao contrário, a MT parece ter encontrado algo como uma segunda chance. Fiz o breve trajeto de Fairfield, em Iowa, até um lugar com o grandioso nome de Vedic City, cujas 260 casas são todas construídas de acordo com os princípios de Maharishi, para conhecer o Dr. John Hagelin, o chefe administrador da MT nos Estados Unidos. Em um determinado momento ele tinha sido conhecido como *raja*, mas prefere um título que soe mais americano.

Um físico que chegou à MT via Harvard, Cern e Stanford, Dr. Hagelin é um homem alto, de aparência confiante, confortavelmente vestido com um suéter de gola olímpica e jaqueta.

A MT, disse ele, vinha passando por um maravilhoso renascimento nos Estados Unidos. Nos últimos 2 anos e meio, desde que assumira a posição, tinha havido um aumento de sete vezes nos números de pessoas aprendendo MT no país, de algumas centenas por mês para dois milhares. Trezentas e cinquenta escolas públicas haviam incorporado a MT em seus programas. As inscrições para a universidade estavam crescendo 50% a cada ano.

Por que isso estava acontecendo? "Em grande parte é minha boa aparência [respondeu Hagelin, com um ligeiro sorriso]. Não, uma das principais razões era o fato de as pesquisas científicas a respeito da MT indicarem resultados muito melhores do que antes. Por exemplo, um estudo de 9 anos realizado na Faculdade de Medicina de Wiscosin mostrara que a prática de MT reduzira os ataques de coração e derrames em até 47%.

Além disso, a Associação Americana de Medicina, que jamais tivera interesse na MT, havia sido "amplamente positiva" sobre a efetividade na redução do diabetes. Haviam até divulgado um "*press release*" realmente extraordinário. A MT, disse Hagelin, precisava fazer aquele tipo de pesquisa porque estávamos vivendo numa era científica e, para que uma pílula fosse apresentada e vendida, requeria evidência de sua efetividade. Os fatos mostraram que a MT era mais barata e muito mais efetiva do que remédios.

Maharishi, continuou, tinha sido o primeiro a divulgar a meditação no Ocidente nos anos do pós-guerra e, na época dos Beatles, a MT causou muita sensação. Daí outras pessoas haviam tentado pegar carona em sua reputação e um escoadouro – não, uma miscelânea – de outras técnicas de meditação tornaram-se disponíveis.

Portanto, as pessoas precisam ser avisadas sobre onde procurar e a pesquisa mostrou a elas a direção da MT. A MT, ele deixou implícito, não era apenas qualquer tipo de meditação. Era a "meditação baseada em evidências".

A outra razão pela qual as coisas estavam melhorando era que a MT agora estava muito mais centrada em seus clientes. Maharishi, que morreu em 2008, havia sido uma "força carismática muito grande" e havia falado muito sobre a paz mundial – mas isso não inspiraria mais do que um em uma centena de americanos a meditar. Eles estavam muito mais interessados em reduzir a pressão arterial e em assegurar-se de que seus filhos tirariam notas melhores na escola.

Portanto, sim, a MT ainda ajudaria na paz mundial, mas também baixaria a pressão, preveniria derrames e auxiliaria seu filho com problema de Tdah (Transtorno de Déficit de Atenção e Hiperatividade).

A MT tinha "o melhor produto de meditação do mundo" e agora a estavam apresentando em uma linguagem acessível, para que as pessoas pudessem entendê-la.

Em outras palavras, Hagelin pretende diminuir a importância dos nobres e grandes objetivos do fundador e, em vez disso, enfatizar os benefícios mais concretos e percebidos da MT – todos eles alinhados à intensa preocupação americana com a saúde.

Os soldados da infantaria da MT não poderiam concordar mais. Eles precisavam da pesquisa, disse Barry Spidach, já que muitas pessoas pensavam que a MT era "um pouco maluca" e eles precisavam de provas. "Não somos vendedores de óleo de serpente [declarou Ken Chalkin, um dos publicitários americanos da MT] porque temos a pesquisa que dá suporte ao que dizemos."

O que Buda e os santos cristãos, que passaram a vida inteira em contemplação silenciosa, teriam feito de tudo isso dá apenas para imaginar. Para eles, meditação era certamente não um produto, mas estamos nos Estados Unidos e, nos Estados Unidos e em outros lugares, produtos precisam de aval. É por isso que a MT voltou-se para a pesquisa e tenta reviver sua sorte. Hagelin está convencido de que, dentro de 2 ou 3 anos, suas operações na Grã-Bretanha vão experimentar o mesmo renascimento.

Para seu crédito, longe de fugir da investigação científica, a MT na verdade a promove. Desde 1970, mais de 600 estudos foram publicados em 130 periódicos. Todos eles parecem indicar que a meditação regular traz melhorias à vida de todas as maneiras: 38% informam que ela aumenta a concentração em crianças com Tdah, aumenta as notas em matemática e a *performance* atlética, diminui os índices de criminalidade, alivia a depressão... Os argumentos voam na sua direção como uma metralha.

Hagelin está pronto para acrescentar alguns argumentos próprios. "Medite duas vezes ao dia [disse ele] e o QI aumenta, mesmo entre os mais velhos. Com a MT, a inteligência e a criatividade podem se desenvolver ao longo da vida." Enquanto estudantes tipicamente tornam-se um pouco menos inteligentes durante cada um dos

4 anos na faculdade, com a prática de MT você pode documentar um *aumento* em seus níveis de QI ano após ano. Poderia Harvard, ele gostaria de saber, dizer o mesmo de seus estudantes? A mensagem parece ser que a MT funciona. A meditação silenciosa pode nunca ter tido defensores mais valiosos.

Há uma das noções de Maharishi que a MT jamais abandonou: o efeito transformador nas comunidades, ou países, quando a raiz quadrada de 1% da população medita e voa junto. Quando 400 iogues voadores convergiram para uma cidade no sul da Holanda, em 2006, reivindica uma das publicações de MT, o resultado foi um crescimento da economia duas vezes mais rápido do que em 2005, o mercado de ações também havia aumentado dramaticamente, e os índices de crimes e acidentes decresceram.

O mesmo tipo de coisa acontecera nos Estados Unidos, o livro sustenta, quando a Assembleia Invencível da América foi inaugurada em Fairfield, em 2006. Em julho do ano seguinte, o mercado de ações crescera 27%.

A crença de que resultados tão dramáticos são possíveis tornara a MT determinada a construir um grupo permanente de 2.500 iogues voadores na área de Fairfield. Com essa finalidade, eles convidaram praticantes avançados de MT de todas as partes do país para ficar no *campus* ou nas proximidades, e pagaram a eles US$ 830 por mês para ajudar com as despesas.

Até mais surpreendente, eles importaram da Índia cerca de 1.000 védicos *pandits* (profundo conhecedor, estudioso ou professor de sânscrito, da lei, da música e da filosofia hindus) – jovens homens que haviam sido treinados por gurus desde a infância e que passaram a adolescência em *ashrams*. "Como a raiz quadrada de 1% da população dos Estados Unidos é aproximadamente 2.000 [disse Jefferson Aikens, que ajuda a cuidar dos indianos], nós precisamos de um grupo profissional para fortalecer os números."

Os *pandits* vêm por 2 ou 3 anos e vivem separados em um *campus* cercado, em prédios baixos e brancos que, a distância, parecem um acampamento do exército. Eles são todos, desnecessário dizer, iogues voadores – têm seu próprio salão de voo – e voam ao mesmo tempo em que os praticantes de MT nos domos de ouro.

"Eles são muito felizes" [disse Bhupendra Dave, o supervisor indiano do grupo]. "Jogam críquete e viajam umas duas vezes ao ano, mas na maior parte vivem uma vida fechada. É como um retiro de 2 ou 3 anos. Nós temos 40 cozinheiros indianos para cuidar da comida deles e a culinária é melhor do que na Índia."

"É como tirar um pedaço da Índia e jogá-lo no meio dos Estados Unidos" [disse Bob Wynne, o prefeito da Cidade Védica que é também o *raja* das operações de MT na Nova Zelândia, Quênia, Armênia e Paquistão].

O resultado, Wynne prosseguiu, era que eles tinham agora 2.000 pessoas meditando e voando todos os dias, de manhã e nos fins de tarde. Pareceu-me indelicado observar que eles não tinham ainda produzido nenhum efeito particularmente benéfico na economia norte-americana.

Não há dúvida de que, ao longo dos anos, a MT tinha ajudado muitas pessoas em um grau maior ou menor, e ainda o faz. Seria difícil imaginar um bocado de gente mais relaxada e amena do que aquelas que você encontra em Fairfield.

Os estudantes, em particular, claramente amam a atmosfera amistosa da universidade e uma considerável proporção deles valoriza a meditação o suficiente para se matricularem no programa MT-Sidhi.

"É tão diferente da universidade em Siracusa onde eu estava antes [disse Graham Torpey, a quem conheci no Annapurna Dining Commons, a sala de jantar de nome estranho]. Lá, o mais importante era trabalhar muito e daí fazer seu primeiro milhão quando tivesse 24 anos. Aqui é sobre o desenvolvimento do eu, e o silêncio é o bloco de construção de ouro no coração de tudo." Valia, porém, US$ 32.000 ao ano em mensalidades? "Vale dez vezes isso" [respondeu].

Ninguém no mundo fala sobre o valor do silêncio de modo mais articulado e agradecido do que os praticantes de MT. Eles falam dela como de um oceano de potencial inexplorado no qual todos nós podemos descobrir tranquilidade e criatividade.

Para o observador de fora, entretanto, parece uma pena que eles precisem fazer reivindicações que parecem, no mínimo, pomposas, e, para todos, exceto seus mais ardentes devotos, absurdas.

9

LIBERTANDO-SE

No Dia de Páscoa houve um *show* de dois americanos em Albuquerque. De manhã, milhares foram à missa ao amanhecer. À noite, um constante fluxo de carros acumulava-se ao longo da rua principal da cidade, janelas abertas, música retumbante, cheios de homens seminus naquilo que pareciam trajes de práticas sadomasoquistas e, nas calçadas, mulheres "mais do que meio nuas". "Eles gostam de paquerar nas noites de domingo a fim de encontrar pessoas para seus encontros íntimos" [disse o recepcionista do hotel, secamente].

Esta é a cidade onde o Padre Richard Rohr, frei franciscano e celebrado guru global de variedade cristã, tem sua base. É um estabelecimento modesto na borda sudoeste da cidade, um prédio baixo com um alpendre simples. No *hall* de entrada, jorra uma pequena fonte.

Bem recebidos no jardim de trás, os visitantes podem sentar à sombra de um choupo de 125 anos enquanto as abelhas investigam um trevo. Aqui não há nenhum dos ornamentos excessivos da religião institucional e nenhum odor de santidade. Em um país aprisionado pela velocidade e pelo barulho, esse é um oásis despretensioso onde o tempo é o serviçal, e não o mestre, e o silêncio é a configuração padrão.

O próprio Rohr revela ser tão simples e visivelmente não eclesiástico quanto o local. Entra na sala usando um tipo de jaqueta de aviador e um boné de *basebol*. Está acompanhado de seu cachorro, um labrador chamado Vênus. Tem estatura mediana, é calvo, com uma barba escassa e grisalha. Sua compleição é avermelhada. Ele poderia, você pensa, ser um farmacêutico aposentado.

São os olhos, porém, que o distinguem da categoria de uma pessoa comum – são argutos, reluzentes, perceptivos. Ele me faz pensar um pouquinho em Mahatma Gandhi, outra figura simples e subestimada, que falava de modo sereno, mas tinha grandes propósitos.

Gandhi, é claro, deu sua vida para libertar uma nação. Rohr está tentando persuadir uma nação que já é livre para estender a mão e reivindicar um tipo diferente de liberdade, para se livrar não da opressão colonial, mas das algemas sufocantes do próprio eu.

Rohr fundou o estranhamente nomeado Centro para Ação e Contemplação (você pode pensar que deveria ser ao contrário) em 1986. "Foi criado [disse uma mulher jovem que o ajuda a manter o local arrumado] para inspirar os ativistas sociais que sempre parecem estar *contra* alguma coisa. Richard queria que eles estivessem *pró* algo, operando de um modo que fosse baseado em justiça e paz, mas comportando-se com humildade real." Em outras palavras, Rohr não queria atenuar suas paixões, mas simplesmente purificá-las.

Nisso, bem como de outras tantas maneiras, ele é totalmente distinto do estereótipo popular do evangelizador americano. Sua personalidade e modos de vida são a antítese do glamour e espetáculo, das loquazes e bem-ensaiadas respostas.

Por cerca de uma dúzia de anos, quando não estava viajando, ele morou em uma pequena ermida a aproximadamente 1,5km do centro. Disse ao seu superior franciscano que, se ia ser capaz de "ir mais fundo" e também ficar diante de multidões como "algum tipo de guru", ele precisaria "de um bocado de silêncio e solidão".

Ele tenta passar 4 ou 5h em que não está dormindo sozinho, escrevendo, jardinando e limpando a casa, mas sempre com "um ouvido que escuta", praticando o silêncio.

Admite que muitas vezes não é bem-sucedido. "Começo a ficar preocupado com problemas, pensando de maneira errada sobre uma discussão com um dos membros da equipe – e posso ver a mim mesmo fazendo isso. Digo: 'Você está obcecado com isso, defendendo seu argumento mentalmente'. Fiz isso hoje. Eu deveria estar em silêncio, mas na verdade estava ensaiando uma conversa futura." Que revigorante, penso eu, encontrar um guru falível.

Rohr tampouco apresenta o retrato usual da retidão doutrinária, ticando todos os quadradinhos da crença. Ele é católico em suas atitudes tanto quanto católico na convicção. Perguntei qual era, na sua opinião, a melhor religião e, com a amplitude mental digna do Dalai Lama, ele replicou: "qualquer religião conduz você a uma experiência de Deus. Se o cristianismo não conduz você a uma união *de fato* com Ele, mas o hinduísmo o faz, então essa é a mais verdadeira das religiões para você".

Ao mesmo tempo, ele está pronto para disparar um tiro aos irmãos de reverência de diferente persuasão. "Protestantes me preocupam [disse]. Eles estão tão atados às palavras que não conseguem chegar a seu cérebro direito. Sermões sem fim, argumentando sobre palavras..." Mas, ao mesmo tempo, acrescentou ele, de uma maneira um tanto autodepreciativa, os franciscanos não tinham uma forte tradição moralista, eles sempre foram considerados como leves e não doutrinários.

Estranho, talvez, para um homem que acredita de modo tão profundo no silêncio, ter escrito 25 livros que alcançaram um número notável de leitores pelo mundo. A Amazon comprou 60.000 do mais recente, *Falling Upward* (Caindo para cima, em tradução livre), em pré-publicação. É evidente que a mentalidade não doutrinária e espiritualmente aguda de Rohr atrai muita gente.

O que ele diria, pois, sobre o silêncio e seu valor? Ele não tinha certeza, disse Rohr, que fosse possível ter uma experiência de estar perto de Deus sem o silêncio. Isso mostrava quão importante ele era. Mas o tipo de silêncio que tinha em mente não era apenas um problema de excluir "o barulho do auditório". Era um silêncio ao mesmo tempo profundo e que nos envolvia, libertando um grande número de coisas.

Se você quisesse uma experiência efetiva de silêncio, tinha que deixar seu próprio plano, seu apego ao ego e à imagem que construiu de você mesmo. Se não houvesse aquele desapego incondicional, então ainda continuaria a ser seu próprio projeto. A frase "a menos que você morra para você mesmo" poderia, disse ele, ser melhor transmitida se disséssemos "a menos que você renuncie a você mesmo".

É claro que era sobre o pequeno eu, o falso eu, que ele estava falando, o eu que nós tínhamos construído para lidar com os desafios do mundo, porque as pessoas precisavam saber quem eram em termos de papéis e títulos. Elas tinham de construir um significado, uma identidade para elas mesmas. O problema é que nós todos ficamos agarrados a isso, nós o levamos muito a sério.

Ele sabia que não era um problema fácil deixar tudo isso de lado, porque havia grandes vantagens em continuar a ser esse falso eu. O mundo paga e nos promove para sermos dessa maneira. O mundo não quer que nos tornemos o eu que Deus sempre tivera em mente, pela simples razão de que não poderia manipular aquele eu. Como, perguntou Rohr retoricamente, você poderia manipular uma Madre Teresa?

A outra precondição para uma prática de silêncio realmente gratificante era que estivéssemos inteiramente *presentes* para ela. O modo como ele havia usado a palavra sugeria que não era apenas uma questão de estar em um quarto e não dizer nada durante meia hora.

Estar presente, explicou Rohr, significava ter o espaço de sua cabeça aberto, o espaço de seu coração aberto e seu corpo pronto e à espera – e o corpo era importante porque com muita frequência guardava lembranças de dor. Portanto *aquele tipo* de experiência era sobre o que ele estava falando, aquele tipo de prontidão, aquele tipo de disposição, aquele tipo de vulnerabilidade.

Sem aquele tipo de presença, sempre permaneceríamos no comando, e o silêncio a respeito do qual ele falava significava, sobre todas as coisas, parar de estar no comando. Significava, em outras palavras, estar disposto a tirar nossas mãos do volante.

Então, continuou ele, quando deixamos de estar no comando, nos conectamos a um tipo diferente de realidade – o mundo como ele realmente é, nós como realmente somos. Olhar as pessoas e as coisas com os olhos de Deus, não conosco mesmos como ponto de referência.

"Silêncio é a única maneira de nos tirarmos desse aprisionamento. Nós estamos tão acostumados a nos avaliarmos de nossa própria perspectiva, 'o que há nisso para mim?', 'gosto disso ou não?' O silêncio verdadeiro não avalia, simplesmente valoriza, permite às coisas serem o que são, sem que nós as dirijamos todo o tempo.

Nós simplesmente não percebemos o quanto temos substituído a realidade pela mente. Achamos que nosso modo de pensar sobre o momento *é* o momento. O filósofo Descartes, por mais brilhante que fosse, representa para mim o ápice da arrogância da filosofia ocidental com seu 'Penso, logo existo'."

Se queremos começar a ver as coisas como Deus pode vê-las, continuou Rohr, teríamos de nos permitir entrar em um silêncio em que nossas preferências não seriam mais os pontos de referência – de que ou de quem gostamos ou não gostamos.

As pessoas podem bem perguntar, disse eu, qual é, afinal, o benefício de tudo isso? "Não comece por aí" [replicou Rohr]. Isso já é um apelo ao utilitarismo, do eu pragmático – "'E o que ganho com isso?' Tudo bem, eu obviamente espero que você ganhe muito com isso, muito mais do que você possa imaginar, mas a questão aqui é buscar uma união com o divino."

"Os frutos serão aquilo que diz a Carta de São Paulo aos Gálatas – amor, alegria, paz, resignação, suavidade, e todo o resto. Você se torna uma pessoa diferente. Adicione a essas coisas o fruto da cura. As pessoas gastam dezenas de milhares de dólares indo a terapeutas e eu não sou contra a terapia, mas, desse modo, você vai apenas se tornar seu verdadeiro eu.

Você vai ter economizado todo aquele dinheiro e vai parar de dizer 'papai não me abraçou o bastante' ou 'minha mãe morreu quando eu tinha 6 anos', e assim por diante. Desse modo, você vai parar de se definir por todas essas feridas, de ser aquilo que se chama identificado pela ferida. Porque, dessa maneira nós adoramos um homem, Jesus, que rejeitou a ideia de se identificar com a ferida. Ele disse 'Estou ressuscitado, Eu levantei novamente'. Seu corpo tinha feridas terríveis, mas elas não o identificavam."

Então, o que na verdade vem a nós no silêncio? Seria apenas um espaço vazio e cálido? Houve um debate, eu disse, entre aqueles que argumentavam que deveríamos procurar, no silêncio, ir além de todos os pensamentos e aqueles que afirmavam que Deus era capaz de nos prover pensamentos límpidos, uma orientação clara sobre nossas vidas e sobre como deveríamos vivê-las.

Ele mesmo, respondeu Rohr, não acreditava que essas eram ideias contraditórias. A maior parte das formas de meditação orientais revela nosso apego a nossos próprios processos de pensamento.

"Mas a meditação cristã vai mais longe do que isso [ele prosseguiu]. Não acho que precisamos colocar tanta ênfase na postura ou no ascetismo ou mesmo no sucesso no processo de meditação como fazem as religiões orientais. Nossa confiança é na voz interior falando por nós e para nós, o que chamamos de a presença interior do Espírito Santo.

Eu fico deste lado do debate embora pense que as formas de meditação orientais têm muito a nos ensinar. Aquela voz interna é onipresente, é uma graça inerente – e tudo o que você pode fazer é sair do caminho com suas fabricações mentais e envolvimentos. Se você conseguir fazer isso, sempre irá poder ouvir uma voz mais profunda. Poetas às vezes sabem isso mais do que os clérigos."

Então, como essa voz interior se revelou? Em silêncio, podemos esperar ouvir as chamadas locuções? "Eu mesmo nunca usaria a palavra locução [disse Rohr] porque isso conduz você ao lado esquerdo do cérebro. Não, não é ouvir palavras."

O que dizer então sobre São Paulo, quando ele é derrubado de seu cavalo em Kawbab na rota para Damasco? Tendo perguntado a Deus o que deveria fazer, foi-lhe dito que deveria ir para a cidade. Depois de três dias sem comida ou água, foi-lhe dito para ir à rua chamada Direita, à casa de um homem chamado Judas. Essas palavras parecem ter sido muito específicas.

Bem, respondeu Rohr, ele não ia negar que Deus pudesse escolher operar daquela maneira. Mas, em geral, ele não pensava que a voz interior tivesse aquela qualidade de som, embora algumas pessoas dissessem que ela era quase sonora, tão clara e real.

De um modo geral, a voz interior estava mais propensa a vir em pensamentos e em convicções, ou na forma de sentimentos profundos e até mesmo em sonhos. Jung disse que, quando tivemos um sonho muito bom, saberíamos que estariam falando conosco, e Deus realmente falava através de sonhos.

O que com frequência o impressionava era que, quando as pessoas afirmavam ter recebido locuções, elas sempre pareciam vir no vocabulário de suas próprias culturas. Por exemplo, quando ele ouvira que um suíço havia decidido ir à Guatemala ajudar a prover água limpa, aquilo para ele mostrava sinais de ser a voz de Deus.

Por outro lado, quando as três crianças da Vila de Fátima, em Portugal, disseram que elas tinham visto almas caindo no inferno como folhas das árvores, aquilo lhe soou como o catolicismo português de 1910!

É possível reconhecer aquela voz interior de várias maneiras. Em primeiro lugar, era sempre maior do que sua cultura, do que sua religião. E sempre procurava por algo que o estendesse além de sua zona de conforto.

Nós simplesmente não poderíamos dizer a Deus como Ele deveria se comunicar conosco. Havia aqueles que diziam que Ele não amava pessoas *gays* ou pessoas em seus segundos casamentos, e que nós não os deveríamos amar também. Desculpe-me, mas nenhuma igreja poderia decidir quem Deus seria capaz de amar! Nós podemos querer o direito de decidir quem é passível de ser amado e quem não o é, mas, se fizéssemos isso, teríamos somente adquirido uma mente de rotulagem e, uma vez que o fizéssemos, teríamos matado a religião.

"A doença dos Estados Unidos [disse Rohr] é a superficialidade – ser chamativo, espetacular, os mais ricos, os mais bonitos, e isso tudo nada mais é do que exibicionismo. E essa ausência de profundidade mantém os norte-americanos longe da realidade.

Quando você vai ao fundo de qualquer coisa, mesmo do mal, lá você vai encontrar Deus. Se você ficar no nível superficial, vai simplesmente *usar* Deus. Alguns dos evangélicos me fazem querer chorar, eles são tão tolos, tentam fazer de Jesus apenas outro produto de consumo. O silêncio sempre nos conduz à profundidade, e receio que os norte-americanos sejam alérgicos ao silêncio.

Meu próprio entendimento do Evangelho é que nós somos destinados a ser totalmente envolvidos no mundo, procurando Deus não por meio de conhecimento doutrinário ou de fórmulas, mas através da experiência direta dele. E não deveria ser 'o Papa disse' ou 'a Bíblia disse', deveria ser um movimento que parte de uma exclusiva confiança em uma autoridade exterior para uma crescente confiança em nossa própria autoridade interior.

O tipo de silêncio sobre o qual venho falando é a porta para as grandes questões e ele é espaçoso o suficiente para suportar essas grandes questões. Não é apenas autorreflexão, não é apenas ruminar sobre nossos pensamentos e opiniões sobre as coisas. Opiniões, afinal de contas, são apenas pensamentos que nós enrolamos ao redor de nós mesmos.

É por isso que ponho a Ação em primeiro lugar no título desta organização, porque você não tem nada para contemplar a menos que esteja inteiramente engajado no mundo de carne e osso. Sem isso, você está apenas contemplando seu próprio umbigo."

Não haveria um lugar melhor para procurar o tipo de silêncio de que falou Rohr, acho eu, do que no Mosteiro de São Benedito em Snowmass, no Estado de Colorado. Aninhado discretamente na cabeceira de um amplo e extenso vale nas Rochosas, ele não foi construído e estabelecido para se impor à paisagem de nenhuma maneira. Parece dizer: "Preferia realmente que você não me notasse".

Os prédios, de algum modo monótonos na aparência, estão quase escondidos da vista atrás de uma clareira de pinheiros. Circundando o mosteiro, acima estão os picos cobertos de neve da Cordilheira Elk, dois dos quais elevam-se acima dos 4.000m.

O silêncio nessa paisagem, que é ao mesmo tempo majestosa e ameaçadora, é tão intenso, tão onipresente, que alguém que veio para ficar na casa de retiro do outro lado do vale achara tão opressivo em sua primeira visita que, quando veio de novo, trouxe com ele uma máquina que criava ruído branco. A recepcionista que me recebeu disse que seus filhos gostavam bastante de ter o aspirador de pó ligado.

O uivo dos coiotes pode acordar os visitantes de manhã cedo e há um aviso na casa de retiro que oferece conselhos a qualquer um que encontre um urso negro em seu caminho para a missa. "Não faça contato visual", diz. "Tente parecer o maior possível erguendo seus braços e a jaqueta. Não corra, apenas ande para trás devagar – e mantenha seus dedos cruzados. Pode ser seu último retiro".

Eu viera a Snowmass para encontrar Thomas Keating, um monge trapista que não é tão conhecido como Merton, mas tem, mesmo assim, grande influência na vida de muitas pessoas ao redor do mundo. Ele escreveu vários livros nos quais tem procurado harmonizar a sabedoria que vê nas religiões orientais com as tradições contemplativas do cristianismo. Ele recomenda um método que chama de Oração do Centramento.

Atravessando o vale a pé em meio a uma tempestade de neve na primavera, felizmente sem nenhum urso negro em meu campo de visão, esperei por Keating na livraria do mosteiro, que deixa claro que esse é um lugar de amplidão tanto quanto de profundidade. Havia traduções de dois famosos poetas sufi, Rumi e Hafiz, e um livro cujo título era *O Caminho dos Amish.*

Keating tinha 88 anos quando cheguei e, como sou algo pessimista, tive medo de que ele pudesse ter sido chamado para um serviço mais elevado antes de minha chegada. Eu não precisava ter me preocupado.

Ele vem vestido em um hábito que parece envolvê-lo completamente. É alto e com um rosto largo e maneiras gentis. Não me pareceu particularmente velho. Tinha uma qualidade de quietude e estabilidade que inspirava confiança. Pressenti que havia viajado por reinos espirituais dos quais eu sabia muito pouco, se é que sabia algo.

Senti que ele poderia ter coisas a dizer que eu acharia misteriosas, mas que, apesar disso, gostaria muito de escutar. E isso foi o que realmente ocorreu.

Ele estava perplexo e entristecido, disse Keating, pela antipatia ao silêncio por parte de seus próprios conterrâneos. Eles chegavam a ir dormir com seus fones de ouvido ligados. O silêncio era tão reprimido nos Estados Unidos quanto na Grã-Bretanha, porque gerava desconfiança e era temido. Em muitas igrejas, havia liturgias que não davam espaço ao silêncio. Isso representava o esmagamento da religião pela nossa cultura.

E, no entanto, o silêncio era parte de nossa natureza, um aspecto essencial de ser humano. Sem ele, qualquer tipo de desenvolvimento humano e de maturidade eram impossíveis.

Aquilo soava como uma afirmação um pouco exagerada, mesmo para um homem que havia dado sua vida ao silêncio. Perguntei como era possível que ele dissesse aquilo. Keating ficou obviamente surpreso com a incompreensão que havia por trás de minha pergunta. "Porque nossa natureza é de absoluto silêncio" [respondeu]. Afinal, de onde viemos? Do silêncio. E para onde estávamos indo?

Não, tudo vinha do silêncio, incluindo Deus. O silêncio não era alguma coisa que você tinha que ir lá fora procurar, era algo que você *era*. O silêncio era a casa na qual vivíamos, mas que não tinha limites, nem fronteiras – não havia portas, nem janelas, nem tetos ou chão.

As palavras não saíram do nada. Elas vieram devagar, com firmeza, pensadas. Keating não estava me vendendo nada. Ele estava extraindo essas coisas de um poço profundo de conhecimento e experiência. Escutando-o, senti que estava na presença de um espírito compreensivo e generoso. Às vezes era difícil seguir para onde ele estava me conduzindo, mas eu queria ao menos tentar.

O silêncio, ele continuou, era possivelmente a melhor maneira de ter uma profunda experiência de Deus. Ele uma vez o chamara de primeira linguagem de Deus. Essa era apenas uma afirmação poética que pretendia chamar a atenção das pessoas. O que ele queria dizer era que nossa primeira linguagem era aquela com a qual estávamos mais confortáveis e, daí, se queríamos falar com Deus, por que não usar a linguagem em que Ele ficava mais confortável, o silêncio?

A razão pela qual o silêncio era tão importante estava relacionada com a crença do cristianismo nas três pessoas de Deus: a trindade de Pai, Filho e Espírito Santo. Era o que Keating chamava de "mistério trinitário".

O Pai, Deus, era o silêncio infinito, mas continha cada possibilidade, trazia todo o potencial. O Filho, Jesus, era o potencial sendo realizado, porque o Pai havia esvaziado a si mesmo no Filho. Você poderia chamar aquilo de sacrifício, disse Keating, a doação total de si mesmo. E depois o Filho esvaziou-se a si mesmo de volta no Pai. Ele viveu no Pai em vez de em si mesmo. E o fruto daquele sacrifício era o Espírito Santo.

Anos antes, eu escutara um padre anglicano falar sobre a Trindade como um motor a óleo com três funções. Ele queria ser útil, não há dúvida, tornar o conceito mais acessível, mas eu tinha me sentido totalmente repelido pelo que considerei como a natureza prosaica e banal da imagem. As palavras de Keating, por outro lado, mexeram profundamente comigo. Nunca havia escutado uma explanação tão bela da Trindade.

O que era, perguntei, a prática de silêncio do próprio Keating? "Eu apenas me abro para ele o dia inteiro [respondeu], exceto quando esqueço! Não que eu saiba o que o silêncio é, mas sei que ele está ali, e que nele posso achar o que sou de verdade, meu verdadeiro eu. Fazendo isso, estou me abrindo para um mistério, porque ninguém sabe quem é de fato, eles apenas pensam que sabem. Nós todos tentamos criar alguma coisa de nossos eus, fazemos isso com vigor desde o momento da concepção."

Então o que era exatamente a Oração do Centramento? O que a diferenciava de outras formas de oração, disse Keating, era o fato de ela ter início com uma atitude de *kenosis*, a palavra grega para esvaziamento.

Significava esvaziar a si mesmo, era quase como colocar o lixo para fora. Não envolvia falar, nem era pensar ou relembrar. Significava escutar o Espírito Santo. Isso não desvalorizava as preces faladas, apenas transferia a prece para um nível mais íntimo, no qual se tornava uma troca, uma conversação com Deus, até mesmo – às vezes – uma comunicação com Ele.

Era deixar Deus falar com você através do coração, normalmente sem palavras. Ajudava a ser mais atento e alerta àquele pequeno cutucão da orientação divina, aquela breve sentença sugerindo o que você deveria fazer ou falar. Perguntei se Deus estivesse nos dizendo o que fazer, certamente seria apropriado fazê-lo? Ele disse que essas coisas viriam a nós sem esforço de nossa parte.

Nós só temos de ter cuidado, disse Keating, pois pode não ser Deus falando, já que o falso *eu* também nos faz sugestões. Por exemplo, se lhe for dito que dê um soco no nariz de um cara, você pode inferir, justificadamente, que isso não seria o tipo de recomendação que o Espírito Santo lhe daria!

O que você deveria tentar fazer era integrar os trabalhos do seu coração e de sua mente com a intenção de obedecer à vontade de Deus, e com uma atitude de submissão humilde. Quando ele falava do coração, disse Keating, estava falando sobre intuição e não sobre análise.

A análise pertence à mente que gerencia, que tende a estar sempre falando e pensando acerca de alguma coisa, enquanto o coração fala sem palavras e sem nenhuma progressão lógica. O coração fala com a voz profunda da intuição.

Sobre a mecânica da Oração do Centramento, elas eram bastante simples. Ele sugeriu 20min em silêncio duas vezes ao dia (o que soou notavelmente como a MT). Ele não pensava que as pessoas deveriam fazer muito ou muito rápido. Deveria ser uma prática moderada, as pessoas deveriam ir progredindo com prudência.

Afinal, ninguém sabia o que iria encontrar no silêncio e poderia ser horrendo, no começo, porque nos põe em contato com as dores que sofremos no passado. Silêncio é uma coisa muito potente.

Ele desperta duas coisas no inconsciente, disse Keating – as energias positivas da graça e o Deus que em nós reside; mas também liberta as feridas emocionais que havíamos reprimido. Podia ser muito traumático se as coisas que emergem no silêncio fossem tão doloridas que não pudessem ser examinadas – não ser amado, profundas feridas emocionais, abuso. Algumas pessoas tinham medo do silêncio por excelentes razões, portanto, sua visão era de que seria aconselhável ir devagar e procurar ajuda caso necessário.

Felizmente, porém, o silêncio não lhe conta "a danada da história toda" de uma vez só. Havia nisso uma certa bondade. Ele ia liberando todas as feridas represadas em um ritmo que nos permitisse lidar com elas. Preparava-nos progressivamente para confiar no terapeuta divino.

Havia outras atitudes que precisávamos desenvolver junto com a prática do silêncio. Como em uma conversa com uma pessoa, você pode ter que esperar pela resposta, uma resposta que não depende de você. Você não deveria ir embora até que tivesse a resposta. A espera era parte de ouvir e o silêncio o tornava apto a escutar a resposta de Deus. Então você estaria pronto para aceitar uma infusão da luz, da vida e do amor divinos, coisas que podem ser resumidas na palavra graça.

Ele gostaria de encorajar as pessoas que tentaram a prática da Oração do Centramento a serem pacientes, a não levantarem e saírem da conversação com Deus. Afinal, nós não estávamos pagando por isso e era um serviço de alto valor que estávamos recebendo da Realidade Última.

A prática da Oração do Centramento também envolvia modificar a maneira como normalmente reagimos a importantes eventos – pessoas entrando e saindo de nossas vidas, divórcio, assistência aos doentes, morte. Não deveríamos simplesmente reagir a essas coisas. Deveríamos responder a elas de um modo que fosse, na verdade, espiritual, aceitando as coisas como a vontade de Deus, mas sempre acreditando em um Deus que quisesse que fizéssemos alguma coisa diante daquela situação.

À medida que você prosseguia na Oração do Centramento, ela se tornava um tipo de casamento espiritual, embora pudesse, às vezes, requerer um longo noivado dependendo de quanto fosse necessário ser esvaziado antes! Mas, por mais longo que fosse o noivado, ela inspirava todos os outros tipos de prece e fazia dela uma conversação viva.

Em determinado momento, você parava de tentar. Por que procurar por algo que já possuía? Isso não significava uma passividade de ovelha, era um vazio que estava começando a ser preenchido por alguma coisa.

A princípio não era possível saber com certeza o que era essa alguma coisa, mas logo você descobriria que o que estava se abrindo dentro de você era uma capacidade, inata à natureza humana, de ter uma confiança infinita em Deus e um sentido de gratidão por todos os seus presentes. Isso, em retorno, liberava nossa criatividade e começávamos a manifestar a generosidade de Deus em nossas próprias vidas.

Em algum lugar ao longo do caminho aprenderíamos mais e mais sobre nosso verdadeiro eu, o eu único que Deus nos fez para ser. E à medida que essa singularidade era revelada, dávamos a Deus e a Cristo uma chance de ser parte dela – e então realmente teríamos alguma coisa para dar de volta a Deus.

No dia em que deixei Snowmass, a primavera lutava para chegar. Os pássaros cantavam e as flores das montanhas começavam a se abrir. O sol brilhava nos picos cobertos de neve. Achei difícil dizer adeus a Thomas Keating, a meu ver o que há de melhor nos Estados Unidos.

10

O SILÊNCIO DAS MONTANHAS

Fui para Engadin, na Suíça, para umas férias, sem imaginar que o meu tempo por lá teria qualquer coisa a ver com este livro. Queria nada mais do que uma chance de relaxar e apreciar os mimos que os mais finos hotéis suíços podem oferecer.

Foi lá que – para minha surpresa – vim a apreciar o tipo de silêncio que eu encontrei anteriormente, ainda que por um breve período, nas Rochosas – o silêncio das montanhas. Lá, havia sentido sua intensidade, mas, como aquele fora essencialmente um momento para conversar, havia pensado pouco sobre o assunto.

Em Engadin, ao contrário, houve dias – na verdade semanas – em que fiz pouco mais do que andar sozinho nas montanhas. Foi então que tive a chance de experimentar e ponderar sobre a extraordinária qualidade daquele silêncio.

Herman Hesse, o romancista e poeta alemão, chamou Engadin de "paraíso na Terra" e ele não estava exagerando: é um dos mais belos lugares do mundo. Indo para o sudeste de St. Moritz você chega a uma terra de lagos azuis brilhantes abaixo de picos cobertos de neve e, entre eles, vai encontrar algumas das mais espetaculares trilhas montanhosas de toda a Europa.

Numa manhã, com um clima que os franceses chamam *grand beau*, peguei o teleférico em Furtschellas e escalei os caminhos pedregosos e íngremes para Wasserweg, uma trilha que o leva por uma grande amplitude de afloramentos rochosos e vales profundos nos quais estão escondidos meia dúzia de lagos alpinos.

É uma vastidão de silêncio e quietude e, nas horas que lá passei, os sons da vida moderna não se intrometeram uma só vez. A presença humana era insignificante. Os trabalhos e as palavras do homem tinham diminuído como se nunca tivessem existido.

A majestade da paisagem, com os grandes picos cinza altíssimos, tinha uma dimensão e uma atemporalidade – inalterada por dezenas de milhares de anos – que colocava você firmemente em seu lugar, fazendo-o sentir o quão pequeno e insignificante era e quão triviais eram suas preocupações.

"Lá em cima [disse Cecile Giavanoli, uma guia que há 30 anos caminha por essas montanhas] não importa quem você é, isso não faz diferença. Pessoas que gostariam de ser importantes ou sentir que são ótimas, não o fazem – porque não somos.

Nas montanhas, você percebe o quão pequeno você é. É a realidade, é a verdade de quem você é. Se, lá em cima, você está pensando que é 'o máximo', vai perceber que está mentindo sobre si mesmo."

Naquele contexto majestoso, sentir a autoimportância seria, na verdade, ridículo. Alguns talvez venham a Engadin de helicóptero, outros na segunda classe do trem, mas, uma vez lá em cima, todos são iguais. A vestimenta da classe, como a autoimportância, desaparece sem esforço, e também as máscaras que estamos aptos a colocar para enfrentar o mundo. O artifício e o maneirismo desaparecem e ficamos mais perto do centro de nós mesmos.

Todo aquele processo, junto a uma sensação de vulnerabilidade física, provoca quietude interior. O silêncio, além disso, é tão profundo, tão abrangente, que parece ter presença própria. Você tem que prestar atenção a ele, honrá-lo em vez de ignorá-lo como fazemos normalmente. Esse é o reino pelo qual você está viajando.

Esse não é o silêncio do caminho na floresta ou do solitário entorno do lago. Esse silêncio é sem limites, ecoante. A austeridade, a grandeza da paisagem apenas servem para aprofundá-lo. As diversões usuais estão bem longe. Nunca vi ninguém usando fones de ouvido nas montanhas.

Cecile afirma não ser religiosa de forma alguma, e não espera que nada específico venha do silêncio, mas, no entanto, insiste que "certamente ele não é *nada*". O que aquele "nada" significa, ela acha impossível descrever ou explicar, mas tem certeza de que, de alguma maneira, ele faz com que se sinta mais aberta, mais presente, mais consciente.

"Lá em cima [ela disse] você apenas se torna mais sensível ao que está ao redor. Animais, flores, e seus sentimentos por eles são muito mais intensos. Isso pode ser porque lá não há influência de outras pessoas ou do barulho. A mochila contendo família, relacionamentos, compras, todos os deveres diários, tarefas, rotina, foi tomada de você. Tudo que você precisa é de um mapa e da roupa certa para lidar com o clima. Por isso, estando bastante sozinho lá em cima, você fica mais perto do seu eu real."

Há alguma coisa refrescante e relaxante sobre estar no silêncio daqueles lugares altos e solitários. Talvez porque eles inspirem uma sensação de admiração diante do magnífico e do insondável, uma admiração pelo que seja ou quem seja que os criaram, simplesmente estar ali parece dar vida a uma nova perspectiva, oferecer a possibilidade de que nossas vidas possam ser totalmente mais simples, menos dirigidas, menos desordenadas.

Lá em cima no silêncio, os sentidos são mais agudos, a mente mais clara, o espírito mais livre. Lá subitamente parece haver espaço para que a mente suba como um pássaro, livre, liberada. Você sente dentro de você um potencial extra, não para o sucesso mundano de qualquer sorte, mas para nova abertura e generosidade.

Quando você desce para o vale de novo, completamente exausto, joelhos doendo e tremendo, você sente – a cada momento – que alguma coisa foi liberada dentro de você. Porque você se sente grato pelo silêncio que, espontâneo, rendeu tanto.

Às vezes, porém, mesmo nas montanhas, aquele silêncio pode ser dolorosamente fraturado. Peguei o teleférico de St. Moritz até Corviglia e comecei a longa caminhada através dos lados da montanha em direção a Silvaplana. O silêncio não era tão absoluto quanto fora em Wasserweg – os prédios da cidade ainda eram uma perspectiva distante – mas ainda era o suficiente para que eu fosse absorvida por ele.

E então, de súbito, ouvi o som de música e notei três alto-falantes, talvez a 15m de distância e conectados por um cabo, meio escondidos na grama alta ao lado do caminho. Eles tocavam um quarteto de Mozart. Normalmente ficaria alegre por ouvir o som de Mozart, qualquer Mozart, quase em qualquer lugar – mas não, por favor Deus, não *aqui*.

Senti-me agredida, afrontada, com raiva de alguém que, por qualquer razão, deveria ter achado que havia espaço para transgredir, para poluir o silêncio daquele lugar. Para mim foi um ato de sacrilégio, de intrusão imperdoável e de mau gosto. Nunca descobri quem era o responsável ou o que pensaram ter ganhado com aquilo. Tudo o que sabia era que queria, uma vez na minha vida, ter deixado o som de Mozart bem longe dali.

Continuei a caminhar e logo estava aos pés da grande Suvretta Alpina, os seixos inclinados que levam ao cume coroado com a luz das nuvens de verão. Uma vez que o silêncio fora restaurado, experimentei um alívio profundo. Tudo parecia tão reconfortante e tão fresco.

Percebi, então, talvez pela primeira vez, que os sons produzidos pelo homem, mesmo tão belos como aquele de Mozart, nunca podem igualar, em graciosidade, o silêncio nesse tipo de lugar. O contraste doloroso me fez perceber o quanto estava começando a apreciar o silêncio das montanhas.

Perto de Waldhaus, e do hotel em que eu estava hospedada, em Sils Maria, havia dois vales. Um, Fex, é o sonho dos turistas. Tem hotéis, restaurantes, carruagens puxadas a cavalo para alugar, caminhos bem marcados de madeira e a estrondosa torrente de um riacho.

É uma beleza deslumbrante, fácil de ser acessada e oferece tudo que é necessário para satisfazer o homem interior e o exterior. Como resultado, seus caminhos são excessivamente pisados.

O segundo vale, Fedoz, é mais longe ao sul e não se gaba de nenhum desses encantos. É modesto e retirado. Não tem hotéis onde você possa parar para um drinque refrescante. A vista dos picos recobertos de neve não é espetacular, o caminho para cima, no lado sul, é muito menos sinalizado, porque não é usado com tanta frequência. Muitos caminhantes de montanhas simplesmente passam adiante e alguns o consideram flagrantemente tedioso.

Em três das quatro visitas prévias ao meu hotel, nunca havia estado lá. Tinha passado pela entrada uma dúzia de vezes, nada visto por ali que me despertasse interesse e continuado, então, em busca de deleites mais espetaculares.

Nesse momento, sabendo de meu interesse pelo silêncio, Cecile havia sugerido que fosse lá. Assim, um dia, segui seu conselho e parti para o caminho ao longo do sopé de Fedoz. Sentia-me com o coração pesado naquele dia, melancólica, refletindo numa amizade que fora preciosa e que recentemente parecia ter sido abalada além de uma possível reparação. Não havia esplendor visual no vale para melhorar meu humor. O que havia lá era solidão, uma completa ausência de seres humanos e um silêncio profundo o suficiente para me envolver em um nada tranquilo e sem nenhuma demanda.

De tempos em tempos, uma andorinha aparecia e havia o assobio ocasional de uma marmota avisando seus pares da presença alheia. Caso contrário, por 2h inteiras, não vi nem ouvi nada.

Ainda assim, subi aquele vale medíocre, meu humor pouco a pouco mudando. Não havia iluminação dramática, nem grandes milagres – por que deveria? De alguma maneira, porém, naquele silêncio companheiro, o peso do meu coração começou a diminuir. O sol salpicou um sorriso em minha face. Notei uma flor simples, amarela, parecida com uma orquídea, brilhando entre a imensidão de grama áspera e rochas e, por alguma razão, parecia um símbolo de luz e de esperança.

Senti, naquele silêncio, como se estivesse na presença de um amigo compreensivo que entendia minha tristeza, mas não me julgava. Fui tomada por um desejo de ser tão aberta, tão receptiva, tão maleável e acolhedora quanto aquele modesto e despretensioso vale. Percebi que chegara o momento de aprender com o passado e deixá-lo ir embora.

Saí de Fedoz uma pessoa diferente. Não sabia exatamente o que acontecera, mas alguma coisa tinha mudado e eu fiquei grata por isso. Quando voltar ao Engadin, não devo ir para o suntuoso esplendor de Fex, com seus hotéis e seus restaurantes que servem batata *rosti*, e sim para as glórias silenciosas e esparsas de Fedoz.

Em St. Moritz, havia notado uma passagem sob um arco que levava a algumas lojas que faziam uma cândida declaração de intenções. "Felicidade é cara", dizia. No vale de Fedoz, ela vem inteiramente de graça.

O silêncio nas alturas do Engadin não é o que já foi. Marcella Meier, agora na casa dos 90 anos, lembra quando "tudo era feito por cavalos". Até 1925, os carros não eram permitidos. Em sua imaginação, ela pode ver 50 trenós com dois cavalos, seus sininhos tocando, à espera dos viajantes que chegavam à estação de trem em St. Moritz.

Mesmo assim, diz ela, há muitos lugares, muitos pequenos vales onde você ainda pode achar um silêncio real, o silêncio que, para ela, "é absolutamente necessário para uma vida saudável".

Nesse silêncio, ela acredita, nós nos voltamos para nós mesmos, começamos a nos sentir uma parte do mundo natural. Claro, diz ela, é mais difícil atribuir-nos autoimportância nas montanhas, mesmo que seja apenas porque você se torna dolorosamente consciente de sua própria fragilidade. As montanhas eram eternas, elas ficavam ali com todas as suas histórias e com todo O seu silêncio. Naquele silêncio, podemos nos achar de novo. Eu sabia o que ela queria dizer.

11

UM SILÊNCIO COMPARTILHADO

Eu havia imaginado que as reuniões dos quacres seriam acontecimentos tranquilos, para não dizer silenciosos, mas mal passei pela porta da casa de encontros de Oxford quando uma mulher grisalha, carregando um monte de revistas, me deteve.

"Está interessado em comprar uma cópia de *Notícias da Paz*?" [perguntou em um tom que sugeria que a compra era quase obrigatória]. "Custa 3 reais."

"Tenho interesse na paz, mas não nas notícias" [respondi, numa tentativa vã e tola de afastá-la].

"Sim [ela retorquiu secamente], mas você está fazendo alguma coisa sobre isso?"

"Para falar a verdade [disse], estou dormindo muito bem ultimamente". Mas mesmo esse apelo à esquisitice não a deteve. "Bem [retorquiu à maneira de uma antiquada enfermeira-chefe de hospital], precisamos achar um antídoto para isso!" Certamente não faltavam palavras a esses defensores do silêncio.

A reunião que se seguiu foi muito mais semelhante àquilo que eu esperava. A sala não poderia ser mais simples ou mais despida de ornamentos. Havia bancos com almofadas dispostos em um quadrado, para que os participantes se sentassem de frente uns para os outros. À parte disso, nada mais do que um piano e um vaso de flores. Se dependesse da aparência exterior poderia ser um lugar para reuniões da Sociedade Secular Nacional.

A congregação era igualmente sem adornos. Havia uma pequena quantidade de barbas, nenhuma elegância exagerada nas vestimentas e uma boina vermelha entre as cerca de cem pessoas que ali estavam. A maioria tinha cabelo grisalho, mas havia uma quantidade razoável de pessoas na casa dos 20 ou 30 anos. Não houve nenhuma tagarelice social como a que precede muitos dos encontros metodistas ou anglicanos.

Uma mulher anunciou, muito rapidamente e como se estivesse relutante em quebrar o silêncio, que esse seria um encontro para todas as idades e que, em meia hora, as crianças viriam para apresentar uma peça natalina com cânticos. Isso poderia explicar o piano.

Com isso, todos ficaram quietos novamente. Por meia hora houve completo silêncio, interrompido apenas por uma tosse ocasional com tons levemente apologéticos. Era um silêncio pensativo e reverente. Alguns mantinham os olhos fechados. Havia pouquíssimo movimento, uma quase completa ausência de inquietude. Na ocasião, ninguém falou, ninguém se levantou para "proferir ministério" como dizem os quacres.

O que, me perguntei, acontecia com essas pessoas enquanto os minutos passavam suavemente? Estariam rezando, para si próprias ou para outros? Estariam fazendo pedidos a Deus? Estariam contemplando alguma reforma em suas vidas? Ou estavam simplesmente procurando por inspiração divina?

Quot homines (ou, se for o caso, *mulieres*) *tot sententiae* (do latim: *quantos forem os homens (ou as mulheres) tantas serão as opiniões*): pergunte a uma centena de quacres e você possivelmente terá uma centena de respostas diferentes.

Para Stephen Yeo, ex-diretor do Ruskin College, em Oxford, o objetivo principal do silêncio é "deixá-lo entrar, para descobrir O Outro que não sou eu, para me ajudar a achar meu lugar no mundo".

Isso o faz pensar em Lear – "aquele rei tolo e vaidoso, desesperadamente em busca de amor, que acha a si mesmo com seu Bobo no calor de uma tempestade sem roupas. Ele percebe sua impotência e, naquele momento, descobre sua humanidade. É isso que estou procurando no silêncio, achar minha humanidade, colocar a mim mesmo em um contexto mais amplo, perceber que você é infinitamente menos significante do que você gostaria de ser".

"Não estamos meditando [disse Deborah Filgate, que estudou em um internato quacre nos Estados Unidos] porque isso iria separar você dos demais, e o que estamos procurando é um silêncio comum."

A primeira coisa que ela sempre fez nos encontros foi tentar deixar de lado suas preocupações imediatas e ir ao redor da sala mentalmente, pensando em cada uma das pessoas e nas necessidades delas. Quacres chamam isso de "mantê-los na Luz". Havia, ela confessou, três mulheres com quem não se dava muito bem e, nesses casos, ela tentava buscar as coisas positivas sobre elas.

"No silêncio [disse Ian Flintoff, que interpretou o coadjuvante de Spike Milligan em todas as 637 *performances* da peça *Oblomov* e interpretou Marcellus na versão de *Hamlet* de Daniel Day-Lewis e Judi Dench] nós estamos procurando pelo Espírito, aquela parte da personalidade humana que é Deus. O silêncio permite que aquele Espírito seja expressado.

Definitivamente não estou meditando e, quanto a me comunicar com Deus, absolutamente não. É mais como um foco, um certo repouso interior. Para mim, os encontros são sobre os outros mais do que acerca de mim mesmo, as pessoas pelas quais sou grato por estar com elas. Alguns amigos fecham os olhos, mas eu nunca faço isso. Quero estar consciente do tempo, do lugar e das pessoas com quem estou.

Quando vou a um encontro, minha mente vai estar tão ocupada, tão cheia de palavras [disse Margaret Osborne, que frequenta os encontros quacre no oeste da Inglaterra]. Haverá muitas vozes em minha cabeça – 'que eu realmente não deveria ter...', 'eu me lembrei de fazer aquilo?' – e acho aquele silêncio muito curativo e calmante. Ajuda a colocar as coisas em perspectiva, coisas que tenham saído da proporção por causa da pressa da vida. É um processo de limpeza ou de ajustamento.

Eu peço por orientação sobre como dar um jeito nas coisas. Às vezes sou movida às lágrimas, lágrimas que rolam pela minha face, e então, embora não possa dizer que ouço uma voz, estou consciente de uma presença dentro de mim e tenho o que você pode chamar de um pensamento sem barulho. É em palavras, embora eu não esteja consciente de nenhum som das palavras, e acredito profundamente que essa seja a voz do meu Deus.

Para os quacres [disse o homem de nome estranho Ben Pink Dandelion, professor de Estudos Quacres no Woodbrooke Centre, em Birmingham], silêncio é estar na presença de Deus, ou do divino, ou do mistério, é o reino onde podemos ouvir Deus e acabar com tudo que estiver no caminho. Muitos quacres dizem que eles estão tentando se elevar acima do burburinho interno."

Ele nasceu Benjamin Stout, mas, depois de se tornar anarquista nos anos de 1980, decidiu com seus camaradas mudar seu nome como protesto contra o fato de o nome paterno ser apenas transmitido para alguém. Deliberadamente escolheu um nome que era, ao mesmo tempo, "pouco comum" e ambivalente em gênero. Legalmente ele é ainda Pink Dandelion, mas prefere ser chamado de Ben.

"A ausência do exterior [continuou] leva a uma sensação maior da presença do interior. Naquele encontro interior há, para mim, um sentimento tangível de estar Na Presença e, se você ficar naquele lugar, será guiado. Falo sobre ter uma vida acompanhado. Deus está comigo o tempo todo, e um monte de quacres concordariam com isso.

Quando tenho que tomar decisões, fico em silêncio e tento ter discernimento. Estou tentando viver no mundo, mas não ser muito parte dele. Nunca mosteiros ou conventos, mas um misticismo no mundo."

Quando os quacres saem de uma reunião, disse Stephen Yeo, com frequência comentam sobre a qualidade do silêncio. Discutem se havia sido um silêncio gerador ou enfadonho, e muitas vezes concordam, mesmo se nada tiver sido dito. Às vezes também falam do silêncio como tendo sido algo "que uniu as pessoas", uma sensação de que todos tinham estado em uma só mente.

Nada, certamente, poderia ilustrar melhor do que esses testemunhos a completa versatilidade do silêncio – aquele aparente vazio – para satisfazer as necessidades das pessoas que recorrem a ele em busca de ajuda e socorro. Pelo menos na concepção dos quacres tradicionais, como o silêncio é melhor do que o discurso, eles não esperam que este seja rompido leviana ou irrefletidamente.

Se eles são levados a falar alguma coisa durante as reuniões, ela deverá, de modo ideal, vir da inspiração do momento e não de alguma contribuição pré-arranjada. O que é dito deve vir do silêncio do encontro e a ele adicionar de alguma maneira.

"As pessoas falam sobre 'ter um empurrão sagrado', serem empurradas para que fiquem sobre os próprios pés [disse Ben Pink Dandelion]. Tipicamente, eles falariam por 2 ou 3min e o que eles diriam seria recebido em um silêncio total para que as pessoas possam refletir sobre o que foi dito. Essas falas não pretendem ser parte de um diálogo. Não se espera que ninguém fale mais do que uma vez. Se alguém continua a falar por 20min ou falar duas ou três vezes, então algum dos mais velhos intervêm.

Eu ouvi pregações nas quais me perguntei: 'O que é isso?' Alguém uma vez levantou-se e disse: 'Meu vídeo sobre luto está chegando na quinta-feira, preço R$ 86,73', e eu pensei que aquilo não era pregação, era um aviso. Mas a menção do luto levou a uma série de belas contribuições, então você nunca sabe o que vai animar um encontro!"

Ele nunca ouviu dizer, acrescentou, que uma reunião tivesse dado errado "no sentido de desempenho", mas elas sempre estavam à mercê daqueles que anunciavam eventos que valiam a pena e da incontinência verbal de alguns.

O que os quacres ganham do silêncio é criticamente importante porque, falando de modo litúrgico, é tudo o que têm além do "ministério". Na Grã-Bretanha e nas partes mais tradicionais dos Estados Unidos, ao menos, não há sermões, nem preces coletivas, nem hinos, nem incenso, encantação, nem batismo, comunhão, nem ordem de serviço – nenhum dos paramentos normais e rituais do cristianismo.

É difícil exagerar o quão estranho tudo isso é realmente. Para começar, quacres são o único grupo de fé vindo de uma raiz protestante que dá tanta primazia ao silêncio. Eles são opostos à rotina do fale-e-cante que marca tanto as religiões ocidentais, nas quais o silêncio tem um papel insignificante. Numa parte do mundo onde tantos evitam silêncio, aqui estão pessoas que proclamam que ele é uma das chaves para uma vida religiosa equilibrada e saudável. Apenas por essa razão, eles são um fenômeno e um tesouro.

Silêncio oferece outra bênção bastante ímpar aos quacres. Como Ben Pink Dandelion astutamente observa, "ele tende a mascarar nossa diversidade porque as pessoas não têm de compartilhar suas crenças. Previamente, havia uma pura compreensão cristã entre nós, mas, hoje em dia, o que os quacres acreditam pode variar muito".

Pesquisas sugerem que 75% dos quacres acreditam em Deus, mas há muitos que respondem não de modo franco. "Não gosto da palavra Deus [disse Deborah Filgate], e, quanto a Jesus, houve provavelmente essa pessoa histórica, mas sua importância foi completamente exagerada. Todas essas citações diretas reportadas anos depois de sua morte! O começo do Pai-nosso, essas são, acho eu, palavras dele mesmo, mas ele não é uma figura importante para mim."

"Eu certamente acredito na existência dessa pessoa [disse Ian Flintoff], e Jesus disse algumas coisas inspiradoras, mas nós sabemos mais sobre os cromossomos X e Y para fazer crível que Ele seja o Filho de Deus." Margaret Osborne, também, pensava que "o júri ainda não decidiu sobre isso".

"Quacres [Flintoff prosseguiu] não assinam nenhum conjunto de crenças. Na verdade, há quase uma doutrina de antidoutrinas, e isso é muito unificador."

"Nós não temos nenhum credo [concordou Deborah Filgate], e estive numa reunião em que você tinha um agnóstico em uma ponta e um cristão devoto em outra e isso não fez diferença nenhuma." Ela conheceu alguém que havia rejeitado "essa coisa cristã", mas isso era muito raro.

Tendo tido, em um determinado momento, um sistema de crenças muito firme, disse Ben Pink Dandelion, o quacrerismo se tornou muito mais uma religião dos talvez, um talvez que às vezes era quase absoluto. Para muitos, havia ainda uma crença implícita de que as pessoas poderiam ser guiadas por Deus, e o "talvezismo" era sobre coisas como a Trindade e a natureza de Deus.

Havia também um forte sentimento contra ser dogmático de qualquer maneira. "Se você dizia: '*Eureka*, tenho a resposta para todos!', os quacres diriam: 'Você pode ser mais feliz em algum outro lugar'." Ele fez o grupo soar como uma religião de dúvidas escrupulosas.

Quando, ao contrário, chegamos às *causas* que os quacres defendem, raramente há um murmúrio de discordância. Questões verdes de todos os tipos, oposição total à guerra e à preparação para ela, ajuda aos portadores de HIV-Aids na África, socorro àqueles que buscam asilo, apoio ao casamento *gay*; não há talvez aqui.

Eles têm, de muitas maneiras, um cânone de boas causas em vez de crenças. Se, por outro lado, um crítico for tentado a zombar dizendo que esta é a máxima em qualquer religião, quacres iriam replicar que, para eles, todas essas questões têm profundo significado espiritual.

Se um amigo fosse mandado para a prisão por roubar os fundos arrecadados em uma reunião, a reação mais provável seria ajudar o ladrão mais do que expulsá-lo, disse Ben Pink Dandelion. Se, por outro lado, um amigo escrevesse cartas aos jornais que criticassem os *gays* ou os muçulmanos, eles poderiam muito bem convidá-lo a sair. Isso, parece-me, seria o equivalente no quacre moderno a um pecado contra o Espírito Santo.

"Nós somos [ele prosseguiu] inteiramente unidos sobre como viver neste mundo, tentando promover as propostas de Deus por meio da justiça e da paz. E nós somos muito deste mundo. Queremos construir o Reino agora. Não temos muito uma teologia do pós-vida."

Quacres, através do pacifismo, são mais do que capazes de promover suas causas de um modo profundamente muscular, como descobri com a mulher vendendo *Notícias da Paz*. Eles estão dispostos a ir para a prisão por suas crenças, e o fizeram recentemente não pagando impostos que teriam ajudado a financiar as Forças Armadas.

Deborah Filgate foi presa diversas vezes nos Estados Unidos por tomar parte em manifestações a favor dos direitos civis e contra a Guerra do Vietnã. Quando perguntada por um policial qual era sua religião, ela respondeu que era uma quacre – e o viu escrever "simpatizante do comunismo".

Na Grã-Bretanha, o silêncio é ainda central no culto quacre em 500 reuniões locais. Em termos globais, é uma história muito diferente, e Ben Pink Dandelion estima que apenas 15% dos quacres ao redor do mundo agora se reúnam inteiramente em silêncio.

No Quênia, que tem cerca de um terço dos quacres do mundo, é possível que não haja silêncio algum em uma reunião. Eles foram influenciados por quacres evangélicos que se afastaram da prática. "Eles viam o silêncio em termos da espera por Deus [disse Ben Pink Dandelion], e, porque eles sentiram que já tinham Deus, não conseguiam ver sentido nisso."

Nos Estados Unidos também, onde há 100.000 quacres, é possível ir a encontros em que ocorrem apenas 20min de silêncio em um serviço de 90min e, algumas vezes, nenhum silêncio. Uma boa parte é liderada por pastores e inclui ou um sermão ou uma mensagem.

Nesses e em outros lugares, mesmo a reverência quacre pelo silêncio e seu valor não foi prova contra os vícios de falar e de barulho do mundo moderno.

Na Grã-Bretanha e em algumas partes dos Estados Unidos, ao contrário, silêncio ainda mantém influência absoluta e ainda produz benefícios profundos e únicos, aos crédulos e não crédulos de modo idêntico, que o consideram a quintessência da prática quacre e a origem da experiência espiritual.

Para pessoas como Deborah Filgate, uma reunião que não era feita em silêncio simplesmente não poderia ser uma reunião de culto. "Descobri ao longo dos anos [ela disse] que conheço as pessoas que vêm aos nossos encontros às quartas-feiras de uma maneira que teria sido impossível se falássemos uns com os outros. Sim, o silêncio comunica."

"E você deveria saber que, depois de uma de nossas reuniões, o membro mais velho – um homem de 95 anos – falou e simplesmente nos agradeceu pela qualidade do silêncio."

Para Ben Pink Dandelion, silêncio é nada menos do que a chave "para ter a relação certa com Deus e um encontro direto com Ele. Nos dá a habilidade de ouvir o que Deus quer de nós. Eu acharia muito mais difícil se os encontros fossem cheios de outras coisas exteriores".

"Quando vou a uma reunião [disse Margaret Osborne] estou à procura da Luz que acredito vir de Deus, e não posso achar essa luz sem meu silêncio. Não posso vê-la se há barulho."

12

MELHOR DO QUE BALAS

Qualquer um que ainda acredite que o silêncio é uma completa perda de tempo talvez abra uma exceção para aquilo que um grupo pequeno e incomum de pessoas que vive em Beirute e arredores tenta fazer por seu problemático país baseado no que vem a eles em silêncio.

De certa forma, os problemas do Líbano são suficientes para reduzir qualquer um ao silêncio. Por décadas o país vem sendo impiedosamente atacado por seus vizinhos mais poderosos. Os sírios, os israelenses e os iranianos, todos tentam abocanhar uma fatia da torta libanesa.

De 1975 a 1990, além disso, o país foi destroçado por uma amarga e brutal guerra civil. Muitos dos prédios no meio de Beirute ainda têm os furos dos projéteis e das balas. E a situação presente não é menos preocupante. O país poderia, a qualquer momento, entrar de novo em conflito e caos.

Os sunitas e xiitas, em suas comunidades muçulmanas, são muito divididos, e o mesmo ocorre com seus congêneres cristãos. É um milagre que o Líbano tenha conseguido se manter inteiro até agora. Se alguma nação precisa urgentemente de uma completa reconciliação entre suas diferentes comunidades (e há oficialmente 18 delas), o Líbano é por certo essa nação.

Os homens e mulheres que fui a Beirute encontrar são admiravelmente qualificados nessa tarefa hercúlea pelo menos de uma maneira: são parte de um grupo incrivelmente diversificado. Incluem dois homens, um sunita muçulmano e outro um cristão ortodoxo, que foram líderes de lados opostos na guerra civil. Ambos são bastante sinceros sobre o fato de terem tido grande quantidade de sangue em suas mãos.

Entre os outros do grupo estão dois muçulmanos xiitas, um irmão e uma irmã maronitas – católicos orientais –, um advogado maronita e sua secretária, um juiz da comunidade drusa, um menonita, um padre jesuíta americano, um acadêmico famoso e um membro da Igreja Ortodoxa Grega. Palestinos dos campos de refugiados também se juntam ao grupo em certas ocasiões. O espírito por trás de todos eles é um advogado maronita, prudente e extremamente ponderado, chamado Ramez Salamé.

Foi Salamé que começou o grupo quase 30 anos atrás. Ele ficou intrigado com as ideias de uma organização chamada Iniciativas de Mudança e, em particular, com a prática deles de ter tempos regulares de silêncio. Esse grupo afirmava que, durante esses períodos de silêncio, Deus poderia “falar” com as pessoas.

Naquela época, Salamé não tinha fé religiosa de nenhum tipo mas, como perseverou com a prática, “o silêncio passou a ser o espaço pelo qual Deus chegou vivo à minha vida”. Apesar de não ter continuado seu contato com Iniciativas de Mudança (em inglês Initiatives of Change – IofC) – sentiu que pediam muito dele – continuou a ter seus tempos regulares de silêncio.

Quando a guerra civil começou, em 1975, ele se juntou ao lado cristão e adquiriu um rifle, mas descobriu, antes de ser tarde, que não levava jeito para a vida militar. Então encontrou as palavras de Cristo “meu reino não é deste mundo” e percebeu que, embora estivesse colocando sua vida em risco, não o estava fazendo pelo reino a que Cristo se referia. Começou a sentir um profundo desejo de lutar por *aquele* Reino.

A princípio, não tinha ideia de como começar, exceto pelo pensamento persistente de que deveria se desfazer de seu rifle. Poucos dias depois de ter entregado a arma, sentiu que deveria tentar encontrar seus velhos amigos muçulmanos, advogados com os quais havia trabalhado antes da guerra, mas que estavam agora atrás das linhas inimigas em Beirute Oeste.

Era, sabia, uma aventura muito arriscada – havia ouvido falar sobre pessoas que tinham ido para o outro lado e nunca foram vistas de novo – mas, quando telefonou para seus velhos amigos, descobriu que eles estavam muito dispostos a encontrá-lo. Considerou sua primeira viagem, de táxi, absolutamente terrificante, mas apesar disso foi ao encontro deles várias vezes, e foi assim que o processo de diálogo começou.

Ele estava, a princípio, hesitante em fazer contato com as pessoas do Iniciativas de Mudança de novo, mas um padre católico canadense com quem se encontrava regularmente disse que, em sua visão, ele estava sendo chamado para trabalhar com eles. Ele aceitou o conselho, convidou alguns de seus velhos amigos da IofC a Beirute e, juntos, decidiram começar uma série de encontros regulares que seriam abertos às pessoas de todas as diferentes comunidades.

Para a surpresa de Salamé, aqueles encontros vêm sendo realizados agora há quase três décadas. "Muitas vezes [disse ele] pensei comigo mesmo que aquele seria o último encontro. Na maioria das vezes nada excepcional ou dramático ocorria durante as reuniões e eu me perguntava se as pessoas iriam começar a se entediar, mas elas nunca pararam de vir."

Os encontros eram em um prédio próximo a seu escritório. Entre 10 e 20 pessoas vinham a cada duas semanas. A forma do encontro é simples, mas o conteúdo é completamente incomum.

Depois de breves observações de abertura, o grupo passa de 15 a 20min em completo silêncio, tentando, como dizem, "escutar a Deus" e refletindo sobre suas próprias vidas quando mensuradas contra padrões absolutos de honestidade, pureza, altruísmo e amor. Eles então compartilham quaisquer pensamentos que tiveram com franqueza total.

"As pessoas [disse Salamé] vão compartilhar em que sentido elas mesmas precisam mudar, em suas famílias e profissões, por exemplo, coisas que precisam ser diferentes, coisas que precisam ser acertadas. Nós compartilhamos isso numa atmosfera de completa confiança e, como há homens e mulheres presentes, o compartilhamento precisa ser discreto.

A qualidade de honestidade real não é uma coisa comum, mas, felizmente, nós a temos em nossos encontros. As amizades pessoais que construímos ao longo dos anos são baseadas numa disposição comum de sermos abertos sobre nossas vidas, de sermos honestos sobre nossas necessidades e falhas.

Essa é a qualidade de nossa amizade, e ela tem essa profundidade por causa do silêncio e dos padrões morais absolutos que são a base de tudo, embora não explicitamente. Para mim, o silêncio não tem nenhuma qualidade sobrenatural, mas é um espaço necessário para nos conectarmos com a Verdade."

"Também acredito que a sociedade não pode mudar para melhor a menos que a natureza humana mude dramaticamente, a menos que superemos nosso egoísmo e orgulho. Nosso foco no grupo é que aquela mudança precisa acontecer em nós mesmos primeiro. Sem isso, nós não podemos ter esperança de nada melhor em nosso país." É uma afirmação perfeita da máxima de Gandhi que nós deveríamos tentar ser a mudança que queremos ver no mundo.

"Gosto das palavras de Cristo no Evangelho para o jovem que estava a caminho do Templo [Salamé prosseguiu]. Pare, Jesus lhe disse, há outra prioridade; vá primeiro reconciliar-se com seu irmão!

Para mim, isso significa que tenho que tentar reparar o erro que talvez tenha cometido – o que requer muita coragem. Essa disposição para confessar onde estive errado e tentar corrigi-lo é a chave para a paz no mundo. Esse espírito criou nossa comunhão básica e tornou possíveis outras iniciativas.

Os cristãos em nosso grupo não têm a mesma compreensão dos momentos de silêncio que nossos amigos muçulmanos. Para eles, Deus não fala, Ele inspira. Eles preferem a ideia de esperar pela inspiração de Deus.

Quando as pessoas no grupo compartilham o que veio a elas em um período de silêncio, não há nenhum comentário dos outros. Se houvesse comentário, outras pessoas poderiam não ter a chance de dizer o que tinham que dizer. Nós só nos encontramos por 1:30h e queremos que todos tenham essa chance. O silêncio dos bons amigos é comentário o suficiente e dá a Deus a chance de falar para eles diretamente.

"Também não gastamos tempo falando sobre política, porque isso pode criar uma divisão entre nós. Pensamos sobre isso e, por honestidade, às vezes dizemos de onde viemos politicamente, mas não insistimos muito nisso.

Esses nossos encontros demonstraram ser uma preparação para outras coisas. Porque de nossa experiência pessoal de mudança e reconciliação ao longo dos anos, sentimos que poderíamos fazer alguma coisa para a situação mais ampla. Tentamos espalhar o espírito que encontramos e muitos outros se juntaram a nós.

Nós normalmente encerramos nossos encontros com preces improvisadas. Um muçulmano talvez comece, e um cristão continua."

Em 1984, com a guerra civil ainda violenta, era óbvio que havia uma necessidade desesperada de diálogo entre as diferentes comunidades do Líbano, e Salamé e seus amigos decidiram fazer alguma coisa sobre isso. Começaram, então, uma série de encontros anuais em que pudesse haver um diálogo. Nos anos iniciais, quando o país estava ainda profundamente fragmentado e era impossível circular em segurança, eles tiveram que ir a Chipre para se encontrar.

A necessidade era óbvia, a resposta entusiástica. Ministros, líderes religiosos muçulmanos, bispos, juízes e deputados vieram participar. Alguns vieram de avião de Damasco, outros de navio do porto de Jounieh. Eles então passaram vários dias juntos, e falaram com franqueza sobre a situação do país. Alguns vieram repetidamente, outros foram embora e formaram os próprios grupos. Pontes foram construídas. Os encontros tiveram um efeito fundamental na vida de muitas pessoas.

Navegando de volta a Jounieh depois de um diálogo, Salamé ouviu o Papa João Paulo II no rádio fazendo um apelo aos cristãos libaneses "para serem um fermento de reconciliação e unidade", e pensou para si mesmo: "Bem, é isso que estamos tentando fazer".

A essa altura, o grupo começara a atrair algumas pessoas muito surpreendentes. Uma delas era Assaad Shaftari, que foi diretor de inteligência no lado cristão durante a guerra civil. Depois de uma separação amarga nas fileiras cristãs, ele se mudara com sua família para a cidade de Zahlé, no Vale Bekaa, e por algum tempo sua vida esteve em perigo por causa daqueles que haviam sido em um determinado momento seus camaradas-em-armas.

Eles tentaram matá-lo cinco vezes – uma vez com uma granada impulsionada por um foguete, uma vez com uma bomba – e ocuparam sua casa e seu escritório.

Foi em Zahlé que ele e a esposa encontraram pela primeira vez esse grupo que falava sobre querer a paz e as mudanças. Eles se reuniam na casa das pessoas ou na residência do bispo maronita. Shaftari tinha muitas suspeitas, assumindo que – como todos os outros no Líbano – eles tinham outro plano escondido.

"O que eles estavam pregando soava muito positivo [disse ele], e pensei: 'Estou aqui na residência do bispo e essas pessoas querem mudar o mundo, mas eu quero que o Líbano seja do jeito que *eu* quero, inteiramente cristão, com todos os muçulmanos expulsos. Eu quero que eles voltem para seus camelos'. Muitos libaneses cristãos pensavam como eu.

A questão seguinte que surgiu nas reuniões, claro, foi 'Você está pronto para mudar?' e eu respondi que eu não tinha nada que precisasse mudar. Eu era ótimo e me sentia ótimo. E sobre os quatro padrões a respeito dos quais eles falavam, eu disse 'Sou completamente honesto e puro, não tenho vergonha de nada'. Quando se falou de amor, eu disse que não tinha nenhum problema com isso, eu amava aqueles que me amavam – e não tinha que amar os que me odiavam.

Veja, eu era um chefe jovem com armas e guarda-costas, e pessoas que me diziam como eu era formidável o tempo todo, então era fácil imaginar que eu fosse perfeito. E aquelas pessoas no grupo nunca davam uma resposta direta a uma questão. Eles só me escutavam, davam algum bom exemplo e depois me deixavam para decidir como eu iria viver. Eles nunca me forçaram – nunca.

Daí, claro, chegou o negócio do silêncio. Tudo bem, eu estava acostumado a rezar e a meditar. Eu costumava ir na primeira quinta-feira de cada mês sentar por 2h na igreja e adorar o Santíssimo Sacramento. Mas então ouvi dessas pessoas que a oração não fora criada para ser uma conversação só de um lado.

Eu sempre dizia coisas para Deus – 'eu preciso, eu quero, sinto falta, gostaria' – e daí havia um pouco de adoração, 'por favor, abençoe minha vida' e por aí afora. A maioria eram demandas, na verdade. Agora, pela primeira vez, eu ouvia sobre a ideia de escutar a Deus. Isso era inteiramente novo para mim.

Quando tentei pela primeira vez ter um dos momentos de silêncio deles, simplesmente não pude fazê-lo. Foi um inferno. Eu estava sobrecarregado por tantos pensamentos que tive de fugir. Tive que encarar meu ego enorme, o fato de ter tantas coisas erradas em mim. Não achei nada fácil aceitar.

Encarar os pecados que cometi durante a guerra aconteceu muito depois. Para mim, naquela época, eles eram pecados aceitáveis que eu tinha cometido em nome do meu país, de minha cristandade e de minha comunidade. Eu tinha levantado uma parede dentro de mim para lacrar aquelas coisas fora, para mantê-las no canto a que pertenciam.

De qualquer modo, depois do primeiro período de silêncio, tentei evitar estar sozinho. Certifiquei-me de estar sempre rodeado de pessoas, e sempre tinha a TV ou o rádio ligados em volume alto, porque suspeitava que sentar em silêncio iria me levar embora. E quando eu tinha esses períodos de silêncio, apenas deixava minha consciência lidar com pequenas questões do meu caráter. Mantinha Deus limitado a uma área da minha vida. Disse a ele: 'Isso é o suficiente para você!'

Mesmo em períodos de silêncio, sabe, é possível – por assim dizer – evitar ter uma mente realmente aberta. Há montes de truques que posso ensinar se você quiser! Quando chega o momento de partilhar seus pensamentos, em vez de ser honesto sobre você mesmo, você pode – como eu fiz – dividir teorias gerais sobre honestidade e altruísmo. Naqueles períodos iniciais, comportei-me como se não soubesse que havia um grande espaço escuro dentro de mim."

O lado escuro incluía o fato de que, durante a guerra, Shaftari tinha sido diretamente responsável pela morte de muita gente, mais do que ele estava disposto a admitir para si mesmo. "Quando você mata alguém [disse ele], você sempre mata uma parte de você mesmo também." E quando você se torna uma máquina assassina e já não sente mais nada, essa é a parte mais perigosa de todas.

Por um longo tempo, embora frequentando as reuniões do grupo em Zahlé e mais tarde em Beirute, ele evitava encarar aquele lado escuro, mas, à medida que o tempo ia passando, a área em que ele permitiu que Deus trabalhasse foi crescendo mais e mais. "Aquele processo [acrescentou] ainda acontece hoje, nunca para, sou um ser humano." Ao final, ele se sentiu impelido a ir à confissão.

"Não é muito fácil fazer isso na igreja ortodoxa [disse], e embora eu tenha falado sobre meus problemas com o grupo, não podia confessar lá porque eles não poderiam me dar absolvição, então achei um padre maronita que estava pronto a ouvir minha confissão. Fui a ele muitas vezes."

Shaftari tem certeza de que nunca teria chegado àquele ponto se não fosse parte de um grupo no qual os membros eram tão honestos sobre suas próprias falhas.

Desta vez, Salamé estava começando a organizar as reuniões de diálogo do grupo e Shaftari sabia que haveria muçulmanos por lá. "Percebi [disse ele] que teríamos que ser sinceros e dizer o que se passava em nossos corações, então fiz uma longa lista de todas as coisas que eu tinha contra os muçulmanos. Eles estiveram ao lado dos palestinos, eles eram pró-árabes, eles não acreditavam no Líbano como forma final de nosso país – e eles estavam matando a gente!"

"Fui para lá pronto para disparar minha lista. Para minha surpresa, descobri que os muçulmanos tinham uma lista ainda mais longa sobre os cristãos. Estar com os muçulmanos, claro, me fez saber mais sobre eles. Eu costumava me referir aos muçulmanos como 'eles' ou 'aqueles'. Mas descobri que tinham nomes – Mohammed, Ali, Hassan, e por aí afora.

Lentamente, ao longo dos anos, aprendi a aceitar o que eles diziam, a compreender e até mesmo a amar a maior parte. Quando, mais tarde, algum incidente acontecia no país, tentava olhar através dos olhos deles. Eu até compartilhei períodos de silêncio com alguns deles e partilhamos também nossos pensamentos – imagina isso!

Hoje em dia tenho uma ideia muito inclusiva do Líbano. Aceitei que, gostando ou não, é um país árabe – nós falamos árabes, afinal – e que não somos fenícios ou franceses. Meu pai ainda consegue cantar a Marselhesa inteira. E vejo que fenício não é uma identidade que se aplique exclusivamente aos cristãos. Os muçulmanos são fenícios também."

Assim, um dia, Shaftari ouviu que um dos amigos de seu filho tinha dito a ele que, quando estava próximo de uma mesquita se sentia completamente enojado. Shaftari lembrou-se dele mesmo naquela idade e percebeu que aqueles sentimentos vinham sendo passados de geração a geração. O que, ele se perguntou, poderia fazer sobre isso?

Em um de seus períodos de silêncio, ocorreu-lhe a ideia de escrever uma carta aberta às pessoas libanesas explicando o que tinha feito na guerra, pedindo desculpas por isso e declarando que estava pronto para corrigir tudo que poderia ser corrigido.

"Não tinha certeza absoluta sobre a ideia [ele disse]. Poderia ter sido muito perigoso para mim, minha família e meus amigos. Assim, perguntei a Ramez o que ele pensava sobre isso. Ele nunca respondeu. Sorriu e assentiu, mas foi só isso.

Fui para casa, sentei no escritório e escrevi três páginas em 3min, embora não seja muito bom em árabe clássico. Dei para minha esposa e perguntei o que ela achava. 'Quem escreveu?', ela perguntou. 'Eu escrevi, e gostaria de vê-la publicada', respondi. 'Estou 100% com você', disse ela."

"Levei à imprensa, mas, por alguma razão, a carta não foi publicada. No quinto dia, liguei para saber por quê. Aquela noite havia recebido uma chamada telefônica de alguns camaradas da guerra. 'Você precisa retirar aquela carta', eles me disseram. Eu os lembrei que não tinha dito 'nós', que a carta era totalmente pessoal. Eles responderam que me retornariam, e então eu cortei todos os telefones e fui em frente." A carta foi publicada, entre outros, no *Al Nahar*, um importante jornal. Era intitulada "Uma carta aberta às minhas vítimas".

Houve poucas respostas do lado cristão, mas o impacto entre os muçulmanos e os palestinos em particular foi considerável. O chefe da Sûreté Générale, um serviço de inteligência muçulmano, telefonou para Assaad para expressar sua apreciação. A carta não fez Shaftari popular, mas o fez ganhar respeito.

Desde então, ele tem passado uma boa parte de sua vida tentando manter a promessa para corrigir o que fez na guerra. Ele vai a escolas e universidades para falar sobre sua experiência e o modo como tinha tentado mudar. Ele é um dos coordenadores de um grupo de 26 ONGs que trabalham pela paz. "Ninguém [disse ele] fala sobre a guerra, nós temos quase um estado de amnésia sobre isso, mas tenho tomado parte em campanhas para dizer aos jovens o que a guerra civil realmente é." Muitos o haviam agradecido porque seus pais não lhes tinham dito nada.

Ele talvez tenha recebido absolvição, mas ainda lamenta todos os dias o que fez. "Eu ainda estou sofrendo [disse ele]. As pessoas dizem: 'Você confessou, por que deveria sofrer?' Sofro porque não posso trazê-las de volta."

"Lamento particularmente por aqueles que sofreram tortura, não tenho a resposta para esses dilemas. As pessoas sobre as quais falo estão mortas, os pais delas estão envelhecendo e isso só dobra meu sentimento de culpa. Sofro quando ouço sobre uma criança carregando uma arma e digo a mim mesmo 'nós não fizemos o suficiente!'"

Shaftari acha que fazer parte de um grupo cujos membros são sinceros a respeito de suas próprias falhas e deficiências é inestimável. "Você sabe que, se você falhar, pode sempre ir até um de seus amigos e pedir ajuda. É um tipo de comunidade honesta – e isso nos torna livres para fazer coisas maiores."

Um de seus amigos mais próximos é um muçulmano sunita que se tornou parte do grupo depois dele. É uma amizade na qual uma experiência partilhada de guerra e o valor do silêncio têm uma parte considerável. É também uma amizade que nenhum dos dois nunca consideraria possível.

Mohieddin Shihab tornou-se *muktar* (um tipo de prefeito) de um importante distrito em Beirute em 1995, e acaba de ser reeleito pela quarta vez. Está orgulhoso pelo fato de ser descendente de uma família sagrada – a mãe do profeta veio de sua tribo – e pelo fato de suas raízes serem "cheias de dignidade árabe e ensinamentos islâmicos".

Ele tinha apenas 18 anos quando a guerra civil irrompeu. Vindo de uma família nobre, cujos antepassados tinham ajudado Saladin a derrotar as Cruzadas, ele imediatamente se juntou a uma das milícias muçulmanas e, apesar de ser muito jovem, logo se tornou um líder.

"Eu costumava planejar as táticas [disse ele], e era eu quem tomava as decisões quando decidíamos o que atacar. Mais de 100 shihabs lutaram apenas em nossa área. Foi uma guerra sangrenta e cruel. Muitas vezes lutamos nas ruas com facas e com a coronha das armas de fogo. Muitos de meus camaradas morreram e, com cada um que partia, a paixão por vingança aumentava.

Eu mesmo cometi muitas atrocidades de todos os tipos. Em 1976, nos mandaram atacar uma pequena cidade chamada Aldamour, a cerca de 30km ao sul de Beirute, em retaliação aos ataques dos cristãos. Varremos a cidade do mapa do Líbano e eu escrevi na placa que tinha o nome da cidade a palavra Almodamara – que significa 'a cidade destruída'.

As coisas que fiz vivem com a gente por toda nossa vida. Lutei por 13 anos. Não lutei somente contra os cristãos, lutei contra os israelenses durante a primeira invasão deles em 1978, e de novo em 1982, quando ocuparam Beirute por sete dias. Fui aquele que iniciou a resistência pela cidade inteira. Nós os caçamos como caçaríamos ursos. Fui ferido três vezes.

Naqueles anos, perdi minha vida e senti como se tivesse perdido meu futuro. Só comecei a pensar em meu futuro quando tinha 33 anos – achar um trabalho, me casar.

Foi então que – depois de todo o sangue e todos os corpos que tinha visto, todas as atrocidades que cometi – comecei a me perguntar se o que estava fazendo era certo ou errado. Me questionava sobre a vida, religião, destino, e sobre todos aqueles que haviam morrido – por que tudo aquilo havia acontecido?

Perguntava a mim mesmo se todos os cristãos eram tão antimuçulmanos quanto os havíamos pintado, e assim meu primo Hisham e eu começamos a ir às áreas cristãs para descobrir por nós mesmos. Sempre tinha imaginado que os cristãos eram ricos, falavam francês, eram bem-educados e pró-Israel. Eu na verdade *queria* achar cristãos que odiassem muçulmanos porque assim poderia dizer a mim mesmo que tudo que tínhamos feito na guerra era completamente justificado. Daí eu poderia dormir tranquilo.

Mas descobri que os cristãos eram, com frequência, tão pobres, se não até mais pobres, do que os muçulmanos, que eles não falavam francês e não eram tão bem-educados, que 90% deles não eram pró-Israel. Tudo aquilo me chocou profundamente. Eu soube então que havia estado no caminho errado.

Não podia trazer de volta à vida todos aqueles que tinham morrido nas batalhas comigo, mas decidi que tinha que tentar fazer com que aquelas coisas nunca acontecessem de novo em meu país."

Shihab, como Shaftari, começou a trabalhar pela reconciliação. Em 1993, montou uma organização que almejava "estender as mãos aos cristãos de toda Beirute e ajudar os mais pobres entre eles". A estratégia provou ser muito bem-sucedida nos anos antes da virada do século. Àquela altura, ele tinha sido eleito prefeito pela primeira vez.

"Logo depois [disse Shihab] meu primo Hisham recebeu um telefonema de alguém chamado Ramez. Recusei-me a responder porque pensei que fosse algum grupo de pregação cristã, e disse a Hisham para lhes dizer que fossem pregar em algum outro local.

Mas Hisham não concordou, dizendo que não tínhamos nada a perder se os encontrássemos. Se achássemos um clérigo por lá, poderíamos apenas dizer adeus. Ele voltou de um encontro e me disse que não estavam pregando, que respeitavam muito o Islã, que aquilo era algo muito diferente de qualquer coisa que havia visto antes, embora ele não compreendesse totalmente o que fosse.

De qualquer modo, ele frequentou os encontros por um ano e me disse que entre eles havia esse homem, Assaad Shaftari – sobre quem havia ouvido na guerra – e que ele estava completamente mudado. Mas Hisham insistia que não era o objetivo do grupo converter as pessoas, apenas ajudá-las a praticar a própria religião do modo como deveria ser praticada.

Ele falou sobre seus quatro critérios, e eu achei que eram estranhos porque pensava que fossem comuns a todas as religiões, mas daí havia esse negócio a respeito de período de silêncio. Hisham falou sobre aquilo com entusiasmo, mas eu me perguntava o que era, porque nós não temos períodos de silêncio no Islã.

Aquela questão ainda não estava resolvida quando fui à casa de Ramez pela primeira vez em 2000. Senti que tinha que resolver o problema ou não voltar, mas o período de silêncio não é alguma coisa que você possa ensinar, você tem que sentir.

Acredito, por minha própria experiência, que aqueles que sofreram mais em suas vidas têm uma chance melhor de captar a ideia. Tentei três ou quatro vezes antes de ser capaz de captá-la e, quando isso aconteceu, senti que Deus estava abrindo um novo aspecto em minha vida que eu jamais havia descoberto antes.

Precisa ser alguém que tenha grandes problemas para captar a ideia? Não sei, mas estava carregando nos meus ombros todas as atrocidades que tinha cometido. De qualquer maneira, naquela terceira ou quarta tentativa de ficar silencioso por algum tempo senti Deus me guiando para saber o que deveria fazer. Ele começou a me dar ideias, assim como um farol de luz dá instruções a um navio – 'preste atenção, aqui estão as rochas, mas ali é o porto'.

Conforme continuei tentando praticar o tempo de silêncio, me tornei mais profissional em reconhecer o que estava vindo de Deus e o que era apenas o meu pensamento. 'Vá à reunião às 14h30min', ou alguma coisa assim, isso é apenas organizar a rotina do dia, não é uma instrução de Deus!

Mas se eu penso 'hoje você falou com seu irmão de um jeito rude e ele está com raiva, então vá e encontre com ele hoje à noite e conserte seu erro', isso não é normal e sei que vem de Deus. Um período de silêncio dá à pessoa muitas vantagens. Acende uma vela no seu espírito escuro, dá a você um espaço no qual seu espírito pode se renovar.

Nos primeiros 5min de silêncio sinto que estou curando meu espírito das lesões e pressões do dia. Trabalho, dinheiro, todos esses tipos de preocupações. Nesses momentos iniciais, meu espírito está disperso por todos os lugares, mas então sou capaz de rejuntar a mim mesmo, me tornar eu mesmo de novo. Daí começo a me sentir relaxado e a escutar as instruções de Deus.

Atualmente, pratico o silêncio por 1h todas as manhãs. Acordo às 5h, faço minhas preces matinais, leio o Alcorão, tomo café e então vou para o escritório. Das 7 às 8h a porta está fechada. Às 8h abro ao público.

Cumpro as instruções mais fáceis que recebo tão cedo quanto possível. Por exemplo, ligar para Ramez e perguntar se não deveríamos fazer a conferência do diálogo diferentemente, ou para me desculpar com alguém. Gosto de fazer isso de imediato. Mas então há coisas que são mais espirituais do que práticas. Assegurar-se de que vai rezar cinco vezes ao dia, não apenas quatro. Então como íamos realizar um diálogo com os cristãos sobre os lugares de Jesus e Maria no Alcorão, eu precisava falar com um xeique para que eu pudesse ter uma participação adequada no diálogo.

"O período de silêncio não apenas funciona, mas é o volante de nossas vidas. Dá a você, pela manhã, a instrução total de Deus sobre como deve se comportar na vida diária. Às vezes as instruções são claras e não as executo muito bem – mas isso é normal, porque somos humanos!

Para mim, essas instruções não vêm de uma voz, embora isso aconteça para algumas pessoas. É mais como um sentimento esmagador. Começa em sua mente e daí vai para o seu coração. De muitas maneiras, esse sentimento imenso é mais forte do que uma voz e você não escuta apenas em seus ouvidos. Como em pontos determinantes de sua vida, é possível que você ouça uma 'voz', mas o sentimento arrebatador você pode ter sempre."

Extraordinário, pensei comigo mesmo, para alguém que havia tido tantas dúvidas sobre a ideia do silêncio. Shihab faz a prática soar tão simples e natural. Ele até mesmo escreveu um panfleto sobre isso, com o título *Rissalat Al Samt* (A mensagem do silêncio).

"Em nosso grupo [prosseguiu] não praticamos o período de silêncio apenas por fazê-lo, e sim para tentar mudar a nós mesmos, como o começo de uma mudança na sociedade e em nosso país. Caso contrário é apenas pessoal – e daí você pode voltar a dormir!" Para ele, a escala de mudanças que o Líbano necessita faz com que uma religião meramente pessoal pareça não apenas estreita e inadequada, mas também desprezível.

Meu escritório é como uma colmeia na tentativa de mudar o país. Todas as pessoas sabem como eu era e quem me tornei. Se eu obedeço a Deus em meu trabalho, a mudança acontece na comunidade. Para mim, não há fraude, não há compromissos por baixo dos panos, não há gastança de dinheiro para comprar votos. Não pago a ninguém. Ser honesto é melhor do que comprar as pessoas, fez de mim um muçulmano 100% melhor.

Estar com Ramez e Assaad no grupo é agradável. Nós temos harmonia, e confio neles 100%. Vamos juntos a escolas e universidades, compartilhamos as atividades da ONG, nós tentamos, em tudo que fazemos, desempenhar nossa parte na reconstrução do país. Assaad e eu fizemos um filme para a Unesco sobre o que tinha acontecido conosco e o que fazemos juntos. Ele e eu somos agora muito amigos. Nós passamos 15 dias nos Estados Unidos, viajando e falando juntos."

Para Shaftari, o crescimento da amizade deles parece quase irreal. O lugar onde seu filho trabalha fica a apenas 5min de distância a pé do escritório de Shihab, e o prefeito disse a ele que, se houver qualquer tipo de interrupção nas relações comunitárias, ele abrigaria o filho de Shaftari em sua própria casa.

"Quando ele disse isso [falou Shaftari] senti como se fosse alguma coisa de Kafka. Ele passou de ser meu inimigo a estar pronto para proteger meu filho!"

Shihab, lógico, está mais consciente do que qualquer pessoa do quão frágil a situação do Líbano ainda é. "É crítica [disse ele] e vai continuar crítica por cerca de 5 anos. Para começar, há a possibilidade de uma guerra israelense contra o Hezbollah. Há também o perigo real de uma guerra civil entre os muçulmanos sunitas e xiitas."

"Assim, temos de continuar construindo confiança, construindo pontes. Precisamos fazer um esforço muito maior para evitar outra guerra civil. As divisões entre os muçulmanos são maiores e mais perigosas do que as divisões nas comunidades cristãs."

Todos no grupo sentem que eles poderiam fazer muito melhor. "Não acho que é realista lutar por uma solução total para os problemas do Líbano [disse Ramez Salamé]. Isso é algo que Deus talvez nos dê, mas você não pode apenas colher isso do ar. Nós temos tentado ser um fermento de bondade, e talvez tenhamos sido capazes de criar um pequeno riacho de reconciliação em nosso país, mas também precisamos ver onde falhamos."

"Nós estamos apenas tentando fazermo-nos disponíveis a Deus [disse Shaftari]. E sobre resultados, não sei e não me importo. Você ou tenta trabalhar para Deus ou se torna Deus você mesmo. Não quero nem ao menos levantar essa questão. Prefiro deixar o que acontece com Ele."

"Certamente sinto que podíamos fazer muito melhor, mas eu encontro com 1.000 estudantes todos os anos, e se consigo salvar um jovem que de outra maneira lutaria na guerra, isso é o suficiente para mim."

Eles são um pequeno grupo, Ramez e seus amigos, mas sua lealdade e persistência por mais de três décadas já produziram alguns resultados notáveis. Ao longo dos anos, eles também ganharam muitos simpatizantes em altos postos – políticos, juízes, oficiais do

Banco Central – pessoas que não participam de suas reuniões mas acreditam no que eles estão fazendo.

Quem sabe, essa pequena rede de honestidade e confiança, criada no silêncio, possa ser ainda usada em uma das horas mais escuras do Líbano.

13

O RIGOR DO ZEN

Uma simpática freira zen chamada Rosemary tinha me convidado para um *zazen* – sessão de meditação sentada em postura definida, base da prática zen – no meio de Oxford e, sabendo pouco ou nada sobre zen, pensei que não seria nada mau começar pelo lado mais difícil. Esperava-me uma surpresa, na verdade, várias surpresas.

Aquela noite, havia oito pessoas na *zazen* – três mulheres, incluindo Rosemary, e cinco homens, vestidos ou de modo bastante informal ou com um tipo de robe. Nós todos tínhamos tirado os sapatos e as meias.

A sala estava decorada de modo preciso, com tapetes pretos chamados *zafutons* num quadrado no chão da área de meditação, e almofadas pretas chamadas *zafus* atrás do lugar destinado a cada um. No centro havia um altar com velas, flores e uma estatueta preta do Buda.

Como não podia abrir meus joelhos suficientemente para fazer a posição de lótus no chão, Rosemary apontou-me uma cadeira e deu instruções, com pressa, sobre como deveria me sentar quando a *zazen* começasse. Ela me mostrou como eu deveria posicionar meus pés e indicou que minhas mãos deveriam ser colocadas uma em cima da outra com as pontas dos polegares se tocando, e daí deixá-las repousar sobre minhas coxas.

Eu deveria entrar na área de meditação com meu pé esquerdo primeiro e deveria fazer uma reverência com minhas mãos juntas.

Isso deveria ser seguido por mais reverências. Eu deveria ter meus olhos semiabertos e olhar para baixo. Não há claramente nada *ad hoc*, ou livre e fácil, sobre a prática zen.

Depois de reverenciar minha almofada e as pessoas do outro lado da sala, como me havia sido dito, sentei em meu zafu e, como os outros, virei para olhar a parede. A ideia, Rosemary havia falado, era ir para além do pensamento, e achei fácil sentar imóvel e deixar os pensamentos como que esvoaçando através da minha mente. Era muito relaxante, mas um tanto chato.

Ocasionalmente, um sino tocava, mas, a não ser por ele, havia completo silêncio, exceto quando Rosemary murmurou que nós deveríamos estar cientes de nossa respiração porque isso nos ajudaria "a vir ao momento presente". Após cerca de meia hora nós todos ficamos em pé, e um breve período de meditação andando – chamada *kin hin* – começou, durante o qual nós todos andamos lentamente ao redor da sala num tipo de círculo. Senti-me bastante desajeitado, não estando acostumado a me mover naquele passo pomposo.

Houve então outra meia hora de *zazen*, de novo em quase completo silêncio, a não ser por uma sugestão de Rosemary que podíamos abrir os olhos caso nos sentíssemos sonolentos. Mais tarde ela me disse que havia dito aquilo porque ela mesma estava quase dormindo. A *zazen* terminou com cânticos numa língua totalmente estranha para mim, que se revelou ser uma mistura de chinês ancestral e japonês.

Daí, depois de um mínimo absoluto de tagarelice social, as pessoas aos poucos foram indo embora. Em nenhum momento houve muito sentimento de ternura ou companheirismo, e certamente nenhuma sensação óbvia de alegria. Todos nós tínhamos sido abandonados em nossos próprios espaços privados. Era tudo sobre a prática e tão diferente de uma ocasião religiosa coletiva do tipo que eu estava acostumado quanto me fosse possível imaginar.

Aquilo, como descobri quando falei com Rosemary mais tarde, era exatamente como a experiência se destinava a ser. "Nós não queremos que as pessoas venham por razões sociais [ela disse]. Tem a ver com o fato de que a prática envolve enraizar você mesmo no silêncio interior, e um monte de conversa antes e depois não ajudaria em nada."

Relacionamentos individuais, quer as pessoas se deem bem umas com as outras ou não, poderiam trazer bastante distração. Vestir simples robes também ajudava as pessoas a parecerem iguais e as fazia menos inclinadas a pensar sobre suas personalidades e relações individuais.

Ela mesma não conhecia necessariamente aqueles que vinham. Certamente não perguntava o que faziam, estava apenas lá para ajudá-los com a prática.

Outra razão por que as pessoas não eram encorajadas a falar era que isso as obrigava a criar expectativas. Mas isso não seria uma boa coisa, perguntei eu. "Não" [respondeu Rosemary], porque se eles falassem sobre o que achavam da prática, os outros poderiam se perguntar: "Por que ele está vivendo essa grande experiência e eu não?"

Então, o que era tudo aquilo? Será que as pessoas que vinham estavam procurando algum tipo de iluminação? Rosemary disse que, na forma de zen que ela praticava – Soto, uma escola fundada no século IX – a prática por si mesma era vista como iluminação. Eles não a estavam procurando. Eles já a tinham.

Quando você começa a praticar, continuou ela, você não deveria procurar por nada, nem deveria ter nenhuma expectativa. A prática era parte de uma disciplina de transformação na qual você estava procurando transcender o ego no silêncio interior.

"No zen [ela prosseguiu] há dois eus. Há o verdadeiro eu, que é aquele que encontramos no silêncio interior e nos conecta com outras pessoas, e há também o outro eu, com todas as nossas ideias pessoais, que tem a ver com a busca da felicidade e outras coisas para nós mesmos."

Então, quase que subitamente, ela se calou. Já tinha respondido mais questões do que deveria, disse. Perguntei por quê. "Porque quanto mais você tentar explicar [respondeu], mais você estará fechando a mente da outra pessoa. Isso ocorre porque a linguagem é parte do ego."

De qualquer maneira, ela, cedendo, prosseguiu, o silêncio interior era o coração de tudo aquilo. Ele nos permitia ser menos capturados por ideias e pensamentos que mascaravam a realidade e criavam desilusões. O silêncio interior nos ajudava a deixar de ser controlados pelo ego o tempo todo.

Há muitas variantes de budismo, mas, em todas elas, o silêncio é a arena, o campo de batalha, onde contentamento, iluminação e libertação do ego são esperados e procurados, frequentemente com uma dedicação e intensidade tão surpreendentes que fariam um cristão típico parecer uma criatura flácida e pálida.

O zen parece ter uma atração particular pelas mentes mais cerebrais do Ocidente, talvez em parte porque se delicia com enigmas, paradoxos e charadas. Seus praticantes são capazes de se defenderem de perguntas lançando uma pergunta de volta na cara do questionador. "Qual é o coração do zen?" [perguntei a um homem]. "Qual é o coração de Graham?" [ele respondeu, irritantemente].

Para aqueles que não têm outra fé, o zen não carrega nenhum dos – para eles – enredamentos sem atrativos de uma crença em Deus com todos os dogmas que vêm junto. Para aqueles que têm outra fé, a prática do zen frequentemente não parece oferecer contradições. "É como colocar gim na água tônica ou a tônica no gim" [explicou um católico anglicano, que é também um praticante regular do zen].

"Sou um católico praticante [ele prosseguiu], e no passado havia lido muitos livros religiosos que falavam que a verdadeira prece é o silêncio. O problema era que minha própria prece não refletia o que estava lendo." Agora ele procura se sentar em "puro silêncio" porque, disse, "o silêncio é onde mora a verdade." Então, eu disse, você acha a verdade no silêncio? "Ou é a verdade que me acha?" [ele replicou].

O que as pessoas do *zazen*, pensei comigo mesmo, aprendiam com isso? Parei um homem indo embora pela noite e perguntei o que ele havia feito com a experiência – esperando, tenho que admitir, uma resposta um tanto negativa. Eu não podia estar mais errado.

O zen, ele respondeu, com olhos que brilhavam sob a luz da lâmpada, tinha transformado sua vida; fizera-o tremendamente feliz. Ele sempre havia tido as dúvidas mais profundas sobre qualquer coisa espiritual e o zen tinha mostrado que aquele "despertar" prometido era puramente fisiológico. E o silêncio era a chave para o zen, o coração da coisa toda.

O entusiasmo transbordava dele num fluxo irreprimível e, antes que eu percebesse, estávamos tomando café juntos num bar do centro. Mike falou de seres humanos sendo capazes, através da prática do zen, de mudar os caminhos egocêntricos do cérebro para os alocêntricos, de ficar liberto das restrições do tempo e do eu, criando rotas alternativas àquelas áreas do cérebro que promovem ação egocêntrica.

Ele ilustrou o ponto discorrendo sobre o modo como dirigimos nas estradas, com o ego constantemente insistindo para que pisássemos no acelerador. Naquele estado mental, ele disse, você estava ciente apenas dos carros em frente e de seu desejo irresistível de ultrapassá-los – sem ver nada do mundo mais amplo.

O zen, ao contrário, conduz você a uma estradinha vicinal, onde você podia começar a apreciar todas as glórias do mundo ao redor, onde você não era mais dirigido pelo ego.

Em algumas das formas do zen, ele prosseguiu, podiam passar anos para alcançar o "despertar" sobre o qual falava. A variante soto pertencia àquela categoria, embora ele apreciasse os *zazens*. Com a variante *rinzai*, cujas origens datavam do século VII e que era sua preferida, era possível alcançar o "despertar" dentro de sete semanas. Para fazer isso, os praticantes japoneses às vezes usavam métodos que eram considerados brutais – por exemplo, bater nos ombros das pessoas com uma vara chamada *kyosaku*, se elas mostrassem sinais de estarem perdendo o foco ou caindo no sono durante *zazen* – mas funcionava. Ele estava totalmente preparado para aceitar disciplinas daquele tipo e mal podia esperar para ir ao Japão.

O "despertar", quando vinha, durava pouquíssimo tempo – entre sete e quinze segundos, ele disse – mas fazia parecer que tudo tinha valido a pena porque dava a você um sentido de estar unido com o planeta inteiro. Você nunca voltava a ser o mesmo de novo.

Ele falou como o mais entusiasta dos renascidos cristãos. Nunca havia encontrado um convertido mais fervoroso. E Mike não é um doidão esquisito, mas o filho de um pedreiro de Staffordshire. Ele se tornou um piloto de aeronaves depois de dirigir jatos Vampire na Royal Air Force. Ele é, também, uma companhia extremamente agradável.

Outro grupo zen muito maior que se encontra numa casa geminada em North Oxford adicionou um forte traço de *rinzai* numa base de prática soto. Em particular, eles usam *koans* – charadas que não admitem análises lógicas – para ajudar seus devotos a alcançarem o despertar e "perceberem seus verdadeiros eus".

Numa *zazen* em que fui quase que acidentalmente, o *roshi* (ou professor) estava dando aquilo que, em outras circunstâncias, poderia ser chamado de sermão. Um mestre zen do século X ou XI, disse ele, estava respondendo questões de um de seus monges. O monge tinha perguntado a ele o que era o corpo da sabedoria. O mestre havia respondido: "A ostra engole a luz da lua".

Naquele tempo, na China, o *roshi* explicou, as pessoas acreditavam que as ostras vinham à superfície à noite, abriam suas "mandíbulas" e a luz da lua entrava – criando pérolas. O monge então perguntou? "Qual é a atividade da sabedoria?" e o mestre zen respondera: "Um coelho fica grávido". O que, disse o mestre, era uma maneira de expressar a constante criatividade do universo. Era mais como escutar um vigário com inclinações poéticas tentando fazer sentido de uma das mais obscuras passagens do Antigo Testamento.

O *roshi* continuou para dizer que, durante os recentes cinco dias grupais de *sesshin* – ou retiro – eles estavam procurando passar por cinco diferentes níveis de silêncio. O primeiro, fácil por dois dias, mas muito mais difícil por cinco, era não falar uns com os outros. O segundo nível era não falar com eles mesmos.

O terceiro era alcançar uma total ausência do eu, quando então não haveria ninguém com quem falar. O quarto era até mesmo além disso, o que ele chamou "um estado de pura energia". E o último era um tipo de silêncio que dava a eles um sentido de unidade com o universo. Esse, ele falou, era o fruto real de um profundo silêncio interior.

O *sesshin*, que tivera lugar numa abadia católica nas margens da cidade, não era um negócio despreocupado. A primeira prática de meditação começava às 6h15min da manhã, a última tinha início depois do jantar, às 20h45min. "Isso [disse um homem que estivera lá, com algum sentimento] é uma terrível quantidade de *zazen*". Para aqueles que pediram por isso, o *kyosaku* esteve sempre presente para mantê-los nos conformes.

Apesar de todos os esforços, no entanto, nem todos aqueles que participaram do retiro conseguiam o despertar pelo qual procuravam. "Eu sei ao que estou visando [disse um deles], mas continuam me dizendo que está faltando só um pouquinho." Era como a loteria, então?, perguntei. "Sim", ele respondeu, com uma risada. "É muito difícil acertar o último número". Os padres carmelitas que eram anfitriões ficaram profundamente impressionados pelo ardor da prática deles e pelo comportamento impecável do grupo.

Mesmo os encontros de dia inteiro na casa em North Oxford, que envolviam meras 5h de *zazen*, têm uma intensidade e uma severidade perceptíveis assim que a pessoa entra na área de meditação. Nunca senti nada assim em nenhuma igreja católica nem em nenhum mosteiro islâmico. Havia, como antes, muitas preces de mãos unidas, muitas reverências e prostração, muita solenidade. Era uma cerimônia altamente ritualizada e havia um delicioso aroma de incenso no ar. Nunca, pensei, houve um gol mais ardentemente perseguido: o oposto das discussões frouxas das quais participei nas igrejas anglicanas durante a quaresma.

Verdade seja dita, senti como se estivesse invadindo uma ocasião muito intensa e privada. Fracassei no *kin hin* teste uma vez mais, fora do ritmo, fora do passo, fora de tudo. Os participantes não ficaram muito satisfeitos por terem um intruso desajeitado estragando suas devoções. Como eles tinham vindo de lugares tão distantes quanto Sttaford e Ipswich para estarem lá, pude bem compreender.

Pouco tempo depois, retirei-me sem pressa. Se o silêncio daqueles presentes tivesse falado, certamente teria soado como uma gratidão coletiva: "Que alívio!"

Depois de sentir o gosto do rigor da prática zen, comecei a me perguntar como era o *sesshin*, e particularmente uma da variante *rinzai*. Tive sorte. Meu amigo Mike, que não pudera, por uma ou outra razão, ir ao Japão, teve como segunda opção uma inscrição para um *sesshin* a ser realizado numa enorme casa vitoriana próxima a Winborne, em Dorset.

Havia, como ele me disse quando voltou, sido uma experiência surpreendente e, ao final, emocionante, e ele teria o maior prazer em me falar sobre ela. Achei sua narrativa impressionante. Eu nunca havia ouvido nada mais estranho, ou mais intrigante.

O *sesshin*, disse Mike, durara cinco dias e fora o que ele chamava de "o negócio trabalho pesado". Havia 28 participantes lá, o homem que conduzia era um notável mestre zen japonês chamado Shinzan Myomo Roshi, o abade do Mosteiro Guryoku Ji. Ele tinha falado por cerca de 1h na primeira noite, em um inglês bastante rudimentar. Era diminuto, tinha a cabeça completamente raspada e olhos "incrivelmente penetrantes e perscrutadores". Mike ficara muitíssimo impressionado com sua presença.

Todos foram avisados de que o *sesshin* transcorreria em total silêncio, que não deveriam ter nenhum contato visual ou conversa entre eles, exceto em contatos individuais com o *roshi*, o que aconteceria todas as manhãs. Durante os cinco dias, eles deveriam se lavar e tomar banho, mas não se barbearem. Os celulares deles haviam sido, claro, deixados para trás.

Também foram avisados de que seria esperado que se levantassem às 4h da manhã, que a primeira meditação começaria às 5h e que iriam para a cama às 9h da noite. Haveria 10h de meditação formal durante o dia, em períodos de meia hora com 10min de pausa entre eles; e 90min de "trabalho atento", o qual, dada a herança das habilidades de pedreiro de Mike, envolveria ajudar a construir uma estufa, e 1h de zen yoga.

Como eles não falariam uns com os outros, nem mesmo fariam contato visual, isso permitiria que meditassem 17h todos os dias.

A todos foi dado o mesmo conhecido *koan* para decifrar e tentar responder. Um dos monges de um dos mestres zen mais famosos na China, Joshu Jushin, nascido no século VIII, perguntou-lhe uma vez se um cão tinha uma natureza-Buda, o que quer dizer bondade básica interior. Joshu respondeu com a simples palavra *mu*, que significa nada ou inexistência. Pediu-se aos participantes do retiro que decifrassem exatamente o que *mu* significava.

"Não há [disse Mike] uma resposta lógica para um *koan*. Eles são desenhados para evitar que você procure uma solução intelectual para a questão. Tentar resolvê-lo significa forçar seu cérebro a abandonar os vieses analíticos de seu hemisfério esquerdo, e voltar-se para o intuitivo pensamento do hemisfério direito."

Na primeira manhã, logo depois das 5h, Mike ficou com cerca de 20 dos outros participantes do retiro numa fila ao lado de fora da porta do mestre zen. O procedimento já lhes tinha sido explicado com alguns detalhes. "Cabia-me tocar o gongo que ficava do lado de fora da porta duas vezes [disse Mike], e então, quando um sininho tocasse, eu devia entrar, fazer três reverências e ajoelhar-me diante do *roshi*. Tínhamos sido avisados para não olhar para ele, e sim para o chão."

Mike esperava uma longa entrevista e alguma ajuda detalhada para achar a resposta ao *koan*. Em vez disso, tudo que aconteceu foi que o mestre pediu a ele: "me mostre *mu*". Mike não sabia o que dizer, então nada disse. Dentro de não mais do que 15 segundos, o mestre zen havia tocado seu sino de novo e Mike foi convidado a sair, fazendo reverências enquanto saía.

Ele se sentiu, é claro, desapontado, decepcionado, e com raiva de si mesmo por não ter tentado com mais afinco responder à pergunta. Também ficou certo de que nunca acharia a resposta, mas, apesar disso, estava absolutamente decidido a não admitir a derrota. 17h de meditação estavam diante dele antes do próximo encontro com o *roshi*.

O Dia Dois, quando ele às vezes se perguntou se não estaria ficando, foi uma repetição da performance daquela primeira e desalentadora manhã. De novo o *roshi* pediu-lhe: “me mostre o *mu*”, mas, por mais que Mike tentasse pensar o que a palavra poderia significar, não tinha nenhuma percepção real do que ele estava tentando fazer ou o que deveria estar pensando. O *roshi*, disse ele, “olhou através de mim, viu minha postura de impotência, percebeu claramente que não havia esperança de uma resposta e me dispensou”. Dessa vez, a entrevista tinha durado 40 segundos.

O Dia Três não foi diferente, mas, dessa vez, as coisas tinham começado a acontecer dentro de Mike. “Eu tinha me apaixonado pelo silêncio [ele disse], e tinha começado a ver qual era a proposta do treinamento zen. É dissolver seu ego.”

“É como se estivéssemos em uma casa de pedra totalmente coberta por hera. Ela cobre até mesmo as portas e janelas, e por isso não podemos ver nada lá fora. É assim que é nosso ego, e pode ser destruído se o cortarmos pela raiz. Esse é o objetivo do treinamento zen.”

Ele tinha também, prosseguiu, “começado a ter uma consciência profunda da palavra *mu*, e por isso respondi muito mais rápido quando, na terceira manhã, o *roshi* me perguntou de novo ‘o que é *mu*?’. Com toda a meditação, tinha começado a ir muito mais fundo em meu subconsciente e minha consciência tinha se desenvolvido”.

Dessa vez, a entrevista durou 2min e o *roshi* aconselhou Mike a ir ainda mais fundo. “Você está no caminho certo” [o mestre disse]. Mike sentiu que o mestre zen sabia que ele estava chegando perto de uma resposta “por causa do modo como me comportava. Minhas respostas eram instantâneas, vindas do fundo de mim. Não era mais cerebral, tinha me tornado intuitivo”. Quando deixou o *roshi*, sentiu-se eufórico pela primeira vez.

Ele quase não dormiu na terceira noite, mas continuou a meditar. Chegara à conclusão que *mu* era a energia do universo, o que os cientistas chamavam de campo *quantum*, mas, quando foi ver o *roshi* na quarta manhã, não conseguiu expressar o que concluíra porque tentara fazê-lo em termos racionais e científicos.

Porém, naquele dia, a entrevista demorou 3min – e então o *roshi* lhe disse que fosse buscar o intérprete, um mestre zen inglês que era um de seus assistentes. O inglês disse a Mike que o *roshi* havia notado que ele havia captado a resposta do *koan*, mas tinha falhado inteiramente em transmiti-la. "Como posso fazer isso?" [Mike perguntou]. "Isso [disse o mestre zen inglês] é problema seu, não meu, mas não se detenha. E fique acordado a noite inteira se for necessário!"

Mike seguiu o conselho e quase não dormiu durante aquela quarta noite. Ele usou a maior parte do tempo meditando sobre o que faria quando visse o *roshi* para sua entrevista final. Perguntou a si mesmo como ele explicaria o que se passava em sua mente para um japonês de 80 anos com um inglês precário. Decidiu que a única maneira seria usar ações em vez de palavras. "Meu plano [disse] era chocá-lo, para mostrar que eu sabia o que era *mu* mesmo que não tivesse as palavras."

"Quando entrei, às 5h [relembrou] estava absolutamente efervescente com energia. Tinha percebido que o *roshi* podia sentir como eu estava pela maneira como eu tocava o gongo e então, dessa vez, não o toquei de leve e meio nervoso, bati com muita força e entrei cheio de confiança. Tinha perdido todo meu acanhamento.

Quando ele disse 'me mostre *mu*', peguei a primeira coisa que estava à mão, uma cadeira, e bati com ela na mesa a seu lado. Foi a única maneira que encontrei para demonstrar a energia que *mu* significava para mim.

Então bati no chão com minha mão, para provocar vibrações na terra. 'Isso é *mu*', eu disse, 'tudo é *mu*'. O *roshi* estava sorrindo pela primeira vez. Então enrolei o tapete que estava a sua frente e de novo bati no chão, dessa vez com ambas as mãos.

Dei ao *roshi* minhas mãos e disse: 'aqui, sinta elas'. O *roshi* colocou as mãos dele nas minhas e sorriu de novo. Então tirei um monte de folhas que tinha colocado no bolso, joguei-as no chão e disse 'isso é *mu*, tudo é *mu*, o universo é *mu*."

O *roshi* então pediu a Mike que sentasse e lhe fez várias perguntas as quais ele respondeu imediata e instintivamente. O *roshi* disse a ele "Você tem *mu*! Posso aprová-lo no *koan* do *mu*". A entrevista havia durado 6min inteiros.

Mike estava tão animado, tão encantado, que teve que andar em volta da casa por 2h porque seu nível de energia estava muito alto. Sentiu que estava a ponto de explodir. Estava vazio de pensamentos, mas entusiasmado por ter achado a resposta da charada.

"Esse, sabe, foi meu primeiro *sesshin* [disse ele]. Naqueles dois primeiros dias, havia tanto silêncio que tive vontade de me suicidar. Não conseguia me conformar com aquilo, meu ego ansiava por se expressar por meio de palavras, mas no final do *sesshin*, eu não queria voltar a falar de novo.

À medida que os períodos de silêncio iam passando, dia após dia, tive tantas experiências maravilhosas... Para começar, o reconhecimento do poder do meu ego, como ele constantemente nos conduz para o caminho errado. Foi tão incrível descobrir essa verdade fundamental, mesmo que tenha sido doloroso. Senti-me em união com o universo, senti que cada célula de meu corpo estava viva e aquele era um universo benevolente, conectado para a bondade."

"É quando você se livra do ego que pode ver a realidade. Claro, ele sempre vai crescer de novo, assim você tem que continuar a apará-lo. A chave para a compreensão de como lidar com o problema é o silêncio, porque o ego sempre quer continuar tagarelando." Mike ainda acredita que não experimentou um despertar completo, e ainda está decidido a ir ao Japão.

Não tinha ideia de como interpretar aquela sua experiência, bizarra em tantos de seus aspectos, mas não me senti inclinado a debater qualquer parte dela. Uma questão permanecia: Por que um inglês, com o pé no chão e origem na classe trabalhadora, paga um bom dinheiro para se rebaixar diante de um japonês velho e careca que ele nunca havia visto antes, e permite ser humilhado daquela maneira?

"Foi por meu absoluto respeito por ele [respondeu Mike], por seu conhecimento e sua experiência. Ele tem uma presença incrível. A outra coisa é que tenho um desejo intenso de responder às questões fundamentais da vida e de procurar a realidade."

"O zen lhe ensina que você só vai ver a realidade quando libertar a si mesmo de seu ego poderoso, prepotente e controlador. Quando você consegue fazer isso, sua vida vai mudar para sempre."

Para os adeptos do zen soto, entretanto, essa busca apaixonada por despertares que são extremamente breves faz pouco ou nenhum sentido. "É muito infantil, como correr atrás de um pedaço de bombom" [disse Philippe Coupey, um mestre zen que vive em Paris]. "Eles obtêm a iluminação e então vão para casa – mas a iluminação não desaparece assim." Em sua visão, era difícil evitar a sensação de que os adeptos do *rinzai* estavam envolvidos em um empreendimento equivocado e exageradamente impulsivo.

Ele também não gostava do modo que o estilo *rinzai* de zen dava às pessoas notas de acordo com o número de *koans* que eles conseguiam decifrar. "Para nós [ele disse], a *vida* é um *koan*, uma charada, e nós não vamos resolvê-la!"

Falei a ele sobre a intensidade um tanto implacável da meditação em que tropeçara em North Oxford. "Quando você está procurando alguma coisa [disse ele], é isso que acontece. Essas pessoas acham-se num trilho de ferrovia e elas não querem cair porque estão indo para algum lugar." Coupey era a pessoa em quem Rosemary buscava orientação.

Ele não seria exatamente aquilo que as pessoas imaginam quando pensam em um mestre zen, e não poderia ser mais diferente da descrição que meu amigo Mike fez do abade do mosteiro japonês. Coupey é americano, mora em um apartamento, e tem sobre a porta de sua sala de estar um rifle winchester em um coldre de sela. "Isso [disse ele] é parte do meu passado."

Ele tem uma apreciação irônica das realidades da vida. Seu pai, que era bastante rico, deserdou a ele e aos irmãos. Pessoas com o estilo de vida de seu pai, observou Coupey, tendem a deixar todo seu dinheiro para a última de suas esposas.

Você não se torna um mestre zen, prosseguiu, eram os outros que o viam como tal. Sua autoridade depende de ser aceito por eles. Mas ele tinha tido de ir ao Japão – "matriz", como explicou – para que tivesse permissão para "transmitir" a seus discípulos, e claramente se ressentia do fato.

Tinham-lhe exigido que fosse a um *sesshin* de sete dias num mosteiro japonês onde você acorda às 2h da manhã e não vai para a cama até às 10h da noite. Ele tinha, disse, ficado feliz de sair do lugar vivo. Tudo isso para pegar um certificado, um pedaço de papel.

Coupey é bastante diferente em dois outros sentidos também. Ele não é de fato um evangelista muito entusiástico. "Você tem que decidir o que quer fazer [falou]. Você está tentando atrair pessoas em grandes números ou pregar as virtudes da quietude ou o quê?"

"Meu grande mestre Deshimaru costumava dizer que falar é bom, se a fala vier do silêncio e não de desejos egoístas e invejas. Alguns gostam de ensinar e pregar para outros, mas eu não faço isso. Na maioria das vezes, digo às pessoas que vêm: 'Não há nada para se obter aqui'."

Entretanto, cerca de 200 pessoas vêm para o *dojo*, a sala na qual ele pratica *zazen*. Ele acha que possivelmente uns 60 ou 70 deles se consideram seus discípulos. Isso não era por causa de seus ensinamentos: ele tinha suas deficiências; era apenas por causa da tradição soto.

A prática era o que importava. "Você está meditando, em silêncio, numa postura corporal que altera sua mente – com suas costas eretas, cabeça alinhada aos ombros, mãos e pés imóveis. Isso é extraordinário para seu corpo. Você também está fazendo outras coisas para sua mente."

"Primeiro você está olhando para você mesmo e, no começo, fica preocupado com o que vê. E isso quer dizer que você fica cansado de seu ego, de sua própria bagagem – e o que é mais cansativo do que sua própria bagagem?

A prática, na verdade, ajuda a dissolver o ego. Através dela, as pessoas aprendem a se comportar, como ser, como conter a si mesmas, como dar aos outros e não tirar para si. E você, aos poucos, deixa de ser tão apegado às coisas da vida a que era apegado antes.

Conforme você começa a ir para além do ego, de seu desejo pessoal, do seu pequeno eu, você começa a perceber a importância da prática, porque o mundo mudou para você – o *dojo* mudou, as árvores mudaram, tudo mudou – porque você mudou.

É muito importante, porém, que você medite com os outros. Se você meditar sozinho, começa a pensar que é alguém especial. Isso é perigoso. Quando medita com os outros, não começa a pensar que é mais forte do que outras pessoas. Você percebe que vocês são como as folhas da mesma árvore."

Quanto ao silêncio, ele não o considerava de ouro. Apenas estava lá. As pessoas evoluídas e que pensam muito acham que o silêncio é tão especial que elas o ficam buscando, mas Coupey não concorda com isso. Ele não iria colocar uma barreira contra o barulho porque o barulho era como o mundo era.

"Veja [disse ele], eu gosto do silêncio, gosto dele fisicamente porque, nele, meu cérebro fica menos agitado, mas onde ele é realmente importante para mim é no *dojo*. No *dojo*, nós temos que encarar-nos a nós mesmos e não sermos perturbados por nada mais.

O silêncio é uma ótima maneira de confrontarmos o ego – na verdade, do ponto de vista do ego, é uma necessidade absoluta. E o tempo em que você pode realmente apreciar o silêncio é quando seu próprio ego, seus próprios desejos, não estão mais no controle."

Coupey não poderia viver em circunstâncias mais diferentes do que Dorji, um monge tibetano de 25 anos que, quando o conheci na Índia, havia acabado de passar dez meses em uma caverna, a quase 3.500m de altitude, no Himalaia.

Ele já era um monge há 4 anos quando seu mestre, Guru Kyab, o instruiu a ir para a caverna. "Em nossa tradição [disse Dorji] no caminho da iluminação você tem que se submeter a desafios severos ou você nunca vai saber o que a espiritualidade significa."

A caverna para a qual fora mandado era um lugar que os pastores locais usavam para manter suas ovelhas quando estava muito frio para que elas ficassem do lado de fora. Quando Dorji chegou, achou o chão coberto de estrume de ovelha, mas seu mestre havia dito que não o limpasse. Ele dissera que Dorji ganharia alguma riqueza daquilo, que iria salvá-lo. Assim, Dorji apenas cobriu o estrume com grama e folhas.

Tudo o que levou com ele para a caverna foi um prato, uma caneca, uma panela, alguns poucos utensílios de cozinha e um colchão. Seu mestre lhe trazia comida todos os meses. Era, na maior parte, cevada torrada, o mais básico alimento da dieta tibetana. Não havia nenhum prazer em comer aquela comida, disse Dorji, mas ela o mantinha vivo. Lá no alto das montanhas, nevava mesmo no verão, às vezes por três ou quatro dias sem parar. Se ele se sentisse doente, tinha que correr montanha abaixo até o vilarejo mais próximo, que estava a 4km de distância.

"Eu costumava trazer madeira de sândalo para o fogo [disse] e rezar às divindades locais para que me ajudassem, e passava 6h por dia em meditação silenciosa. O que quer que a mim viesse no silêncio que se relacionasse à minha jornada espiritual eu considerava como aquilo que poderia ser chamado de a voz de Deus.

Nos primeiros dois ou três meses [relatou], lutei muito. Muitas vezes senti que estava ficando louco. Ficava frustrado e com raiva, não sabia o que estava tentando alcançar. Às vezes escrevia poesia, o que me dava muito alívio.

Meu mestre vinha com instruções para me ajudar e me inspirar, mas, quando eu perguntava se poderia sair, recebia reprimendas dele. Ele dizia: 'você não pode sair, esse é o caminho e, se você não quiser ficar, pode sair para sempre'. Lá no fundo eu realmente sentia que estava mudando, por isso aceitei o desafio.

É muito difícil expressar o significado real da iluminação, mas o objetivo é alcançar o desapego total, não apenas de todas as coisas mundanas, mas das coisas divinas também. Se você se torna apegado, mesmo às coisas divinas, então vira mais egoísta, o sentimento de ser sagrado surge na sua mente e isso é uma distração da espiritualidade real.

Tal sensação pode dar um sentimento de êxtase, mas daí você fica preso naquilo. É o mesmo tipo de sentimento de prazer que você tem em apegos mundanos. Ambos são apegos. Só posso medir meu progresso pelo grau em que consigo controlar minhas emoções. Eu costumava ficar com raiva na escola e era muito inquieto nos anos da adolescência.

Para mim, o silêncio é a única resposta, porque é só no silêncio que podemos alcançar o desapego. Pensamentos não podem nunca ser parados e as emoções, claro, vêm com eles. Se você se agarrar aos pensamentos, está se colocando na armadilha do apego, que é a causa de todo sofrimento.

Estou muito feliz com minha jornada espiritual e devo voltar à caverna logo porque me senti muito inspirado nos meses em que fiquei lá. Realmente quero voltar. Eu era uma pessoa muito fraca emocionalmente e por isso a caverna é um desafio ao qual tenho que me submeter."

Para a vasta maioria dos budistas, silêncio é claramente um período em que eles procuram banir os pensamentos em vez de demorar-se neles. Como Dorji, eles querem que os pensamentos venham e partam. Alguns budistas tibetanos, entretanto, incluindo o Dalai Lama, falam sobre um tipo de meditação durante o qual eles sentam em silêncio e consideram uma determinada questão.

A meditação desse tipo não era fácil, disse ele, quando conversamos em Déli. Foram precisos 1 ou 2 anos para que eu ficasse sequer bom naquilo. Desde então, tem recebido muita inspiração da prática – pensando sobre outras pessoas, pensando sobre como encorajar as forças positivas do mundo e neutralizar as negativas.

De qualquer maneira, essa era sua prática. Ele passa entre 4 e 5h todos os dias praticando-a, e depois mais 1h antes de ir para a cama. "Mas [adicionou], a maior parte da minha meditação é feita durante o sono, e tenho 8 ou 9h de sono ininterrupto todas as noites." Ele deu uma risadinha, a risadinha de um homem muito mais jovem. "As pessoas têm uma certa inveja disso!"

Ele não é o único budista proeminente que considera o silêncio muito mais do que um tempo para clarear a mente. O *ajahn* (abade) do Mosteiro Amaravati, a quase 60km a noroeste de Londres, também é a favor de às vezes usá-lo de um modo muito próximo da noção cristã de meditação.

Amaravati está empoleirado em uma pequena colina na zona rural de Hertfordshire. Fundado apenas em 1984, é agora um próspero estabelecimento. Há uma série de construções baixas, bem organizadas e mantidas, um belo templo, um buda dourado gigante e 36 monges, freiras e noviços. Eles seguem a tradição Theravada – O Caminho dos Anciãos – que é típico dos países do sul da Ásia.

Fora da sala de jantar há um aviso que diz que a essência do budismo é "tocar o local da verdade no coração por meio da plenitude mental". O abade, Amaro Bhikku, é um inglês, monge há 32 anos. Depois do colégio interno em Kent, ele se graduou em psicologia e fisiologia na Universidade de Londres. Como seu antecessor, um americano chamado Sumedho, é de uma franqueza impressionante e livre de dogmas.

Como Coupey, tem reservas sobre a ênfase no zen *rinzai* às "excelentes experiências do despertar. No budismo Theravada [disse] nós não chamaríamos isso de iluminação, poderíamos chamá-la apenas de uma poderosa experiência em meditação. Não negaríamos sua validade totalmente, mas acreditaríamos que você pode se perder de novo. Sim, você talvez diga 'eu vi, eu entendi!', mas nós diríamos 'vamos botar a chaleira no fogo e conversar sobre isso'."

"Mesmo que a experiência seja válida, a chave é como ela é compreendida. Você talvez tenha visto a realidade última, mas há ainda pedacinhos de autoilusão que podem voltar – a ideia, por exemplo, de que 'sou eu o iluminado, portanto posso fazer o que quiser!' No mundo do Theravada, nós diríamos 'essa é uma experiência maravilhosa, mas vamos trabalhar nela', não agarrar-se a ela para ser arrastado por aquela lembrança, e sim tentar estabelecê-la de uma maneira mais consistente e real!"

Para ele, a iluminação significava uma qualidade de completa serenidade e liberdade, quando seu coração e sua mente estavam em perfeita sintonia e receptivos a cada momento. Seu discurso parecia a todos como o de um vigário anglicano não muito importante, avisando os renascidos sobre os perigos do entusiasmo exagerado.

Na vida de seu próprio mosteiro, Bhikku prosseguiu, o silêncio era o coração de tudo. Durante os três meses do retiro de inverno, eles praticavam o que chamavam de silêncio nobre, o que significava falar com outra pessoa apenas em caso de real necessidade. A cada dia, durante aqueles momentos, eles passavam 8 ou 9h meditando formalmente em grupo e, durante aquele período, claro, mantinham completo silêncio. Eles não usavam, adicionou, a vareta como os praticantes do zen.

Fazer parar a língua tem grande valor em si mesmo. Em uma conversa com uma freira trapista ela lhe dissera que sua comunidade parecia harmoniosa até que começaram a falar. Quando isso aconteceu, disse ela, todos os tipos de coisa vieram à tona. Eles descobriram, por exemplo, que algumas das irmãs tinham ideias muito estranhas sobre a natureza da vida cristã.

Havia, porém, outro e mais importante tipo de silêncio – o interior. Sua boca pode estar quieta, mas sua mente ainda está carregando um diálogo incessante. O Buda, disse o abade, tinha tido medo de que a ideia de silêncio se tornasse um fetiche, que seus seguidores confundissem a forma externa da prática com seu verdadeiro objetivo e permanecessem muito barulhentos internamente.

Assim, embora parar de falar fosse importante, num nível mais radical era crucial achar o silêncio das atitudes de alguém e das emoções de alguém – sentimentos de preocupação consigo mesmo, irritação, inquietude e incômodo – porque essas agitações mentais criavam um nível de barulho dentro de você.

Era o silêncio, então, uma jornada para o vazio mental? "Certamente não [respondeu Bhikku]. "É um veículo para nos ajudar em uma jornada na direção da liberdade e da paz perfeita. Ele apoia as qualidades de calma e de percepção de você mesmo e de outras pessoas. Cria um pano de fundo mais claro contra o qual pensamentos, sentimentos e percepções podem ser discernidos."

"É verdade [prosseguiu] que a maioria dos budistas considerariam a meditação silenciosa como um caminho para trazer à mente a uma quietude livre de pensamentos, mas você não precisa que a mente esteja completamente livre de pensamentos para estar tranquila e, em nossa opinião, o silêncio também pode ser usado para aquilo que chamamos de reflexão sábia."

Isso não apenas significa calcular os prós e contras de uma situação ou problema, mas, antes de tudo, achar tanta quietude quanto possível e então introduzir em sua mente, para reflexão, uma simples questão sobre alguma coisa que está preocupando você – e perguntar o que você deveria fazer a respeito.

"É muito importante [disse] que você não tenha ideias preconcebidas sobre a questão quando faz a pergunta a você mesmo. Deve se aproximar dela da maneira mais imparcial possível, tentar limpar a confusão de suas atitudes habituais e então ver o que surge.

Pode ser como escutar um pensamento que não está em sua própria voz. O que um cristão pode chamar de voz de Deus ou de uma locução interior, mas que nós pensamos ser nossa sabedoria intuitiva. No silêncio, você está convidando a sabedoria a emergir. Ela vem de algum lugar de dentro, é uma qualidade intrínseca do coração e da mente."

Ele deu um par de exemplos. "Você está casado, mas há outra mulher no quadro. Enquanto você reflete sobre aquilo tudo, há essa voz que diz: 'meu casamento está realmente acabado, minha esposa é muito chata e ela vai ficar bastante bem de qualquer modo'.

Então há essa outra voz que diz: 'isso é tudo uma grande mentira!' Você está aprendendo a ouvir as vozes que conversam em sua mente, você está acompanhando a discussão, e então há uma intuição genuína que vem da sabedoria pura e nos termos mais claros – 'o que você está fazendo é um comportamento desonesto e indigno!' Quando você é capaz de discernir essa intuição, deve segui-la porque não pode enganar a realidade.

Ou tome uma situação em que você está sentindo um arrependimento profundo por alguma coisa que tenha acontecido. Por exemplo, há a história de uma mulher que levou sua sobrinha e várias outras crianças à praia. Ela não estava prestando atenção e uma delas foi levada pelo mar e morreu. Não é de se surpreender que ela tenha passado horas incontáveis se culpando sobre o fato.

Então, como a reflexão sábia poderia ajudá-la – ou se você estivesse sentindo o mesmo tipo de arrependimento sobre alguma coisa? Você olharia para seu sentimento de arrependimento ou culpa, seria tão honesto com você mesmo quanto possível e perguntaria a si mesmo o quão culpado realmente era.

Você provavelmente ouve a voz que diz: 'você é a pessoa mais podre que existe, você nunca será perdoado', e a outra voz que diz: 'não foi tudo sua culpa'. Então você pode chegar a uma sensação de arrependimento e admitir que *foi* falta sua, mas usar a dor e o luto para decidir ser mais atento e cuidadoso no futuro. Você poderia usar a energia da dor, não a engolindo como um crime eterno, mas tampouco dispensando-a como se fosse insignificante."

A reflexão sábia, disse Bhikku, pode ser de grande ajuda para desobstruir um espaço em nossas mentes para que possamos escutar a voz interior, e dar-nos um sentido de perspectiva que fluísse de nossa sabedoria intuitiva. Nós precisamos da ajuda daquela sabedoria que poderia vir, no silêncio, de dentro de nós. O que soa, aos não budistas, como nada mais do que dar à voz da consciência uma chance.

14

A FÁBULA DO PRISIONEIRO

Silêncio é muito difícil de se conseguir na prisão, como um ocupante poderá lhe dizer. Do lado de fora da cadeia, o barulho pode ser irritante e até atormentador. Mas dentro, naqueles espaços limitados e claustrofóbicos, com prisioneiros passando até 19h em suas celas todos os dias, pode ser literalmente enlouquecedor, uma panela de pressão de tumultos aparentemente sem fim.

"É um inferno do qual o silêncio foi banido [disse John, um presidiário que estava acostumado a frequentar retiros de silêncio quando era um homem livre]. Prédios de tijolo que ecoam e amplificam cada sussurro, nenhuma cortina ou almofada, nenhum tecido por aqui; os tinidos e ruídos de portões gradeados de aço sendo abertos e fechados; carcereiros gritando ordens e com seus intercomunicadores pessoais continuamente operando, televisores, rádios e CDs vociferando sem consideração pelos corredores, campainhas de alarme tocando...

Durante o dia [disse Ian Sutherland, que está em prisão perpétua por assassinato num presídio escocês] uma das maiores perturbações é música *dance* – bum!, bum!, bum!, por 6h sem parar a apenas duas celas de distância.

Então há portas batendo, chaves chocalhando, empregados gritando nomes de pessoas em suas vozes mais altas, alarmes de motim disparando quando uma briga irrompe. Se você pode imaginar uma passagem subterrânea, com crianças chutando latas ao redor e gritando o tempo todo, é assim que é. Mesmo às duas da manhã, o silêncio convencional simplesmente não existe."

Como se essa cacofonia não fosse o suficiente, há também os presos que procuram desesperadamente aplacar sua culpa e infelicidade em torrentes de palavras. "Quer sejam ou não culpados [disse um jovem inglês que encontrei numa prisão americana], eles estão sempre ávidos, normalmente desde o primeiro momento em que o conhecem, a contar todas as mentiras que foram ditas sobre eles. Eles nunca calam a boca."

"Eles querem ser vistos como vítimas do sistema e só podem fazer isso falando até que seu público ceda e aparente aceitar sua versão da história. E se não podem convencer você da situação de vítima deles, vão tentar mostrar que ao menos não são tão maus quanto as outras pessoas na cadeia. 'Bem, ao menos eu não...' ou 'ao menos eu não sou...', dirão. Tanto a culpa quanto a inocência impulsionam sua fala incessante."

Como, então, nessa constante turbulência de barulho, pode haver alguma chance de os prisioneiros descobrirem os benefícios que o silêncio pode oferecer? Há organizações admiráveis, como a Prison Phoenix Trust na Grã-Bretanha, que se corresponde regularmente com os presos e os encoraja a praticar meditação e yoga. Eles o fazem na esperança de que irão não apenas dar aos encarcerados um descanso do barulho, mas também promover crescimento espiritual. Dadas as circunstâncias, porém, isso talvez pareça uma causa perdida.

Contudo, a Trust calcula que cerca de 4.000 prisioneiros aceitaram a oferta e praticam ou meditação ou yoga, às vezes ambos, frequentemente com professores qualificados. Alguns dos 4.000 são, em virtude de sua situação, as pessoas mais improváveis para fazer alguma coisa desse tipo. Entretanto, quando você os conhece, escuta suas histórias e até mesmo lê seus diários, não há como negar que a meditação silenciosa mudou suas vidas horrivelmente reclusas da maneira mais extraordinária.

Ian Sutherland, que tinha 40 anos quando o conheci, está na prisão em Glenochil, um lugar desolado e estéril no centro da Escócia, mas com um horizonte de morros baixos a meia distância. Não foi fácil conseguir permissão para vê-lo. Apenas uma intervenção da Phoenix Trust persuadiu o diretor da prisão a me dar uma permissão para visitá-lo.

Ao entrar no presídio, percebi imediatamente de que estava entrando em um lugar do qual toda a liberdade havia sido banida. Foi-me dito que eu poderia levar apenas cédulas de dinheiro para dentro da prisão. Então cometi o erro de perguntar se poderia levar apenas uma folha de papel comigo. Não havia nada nela exceto as perguntas que pretendia fazer a Sutherland. Todavia, o pedido levantou suspeitas e foi negado.

Por que eu estava indo, um dos guardas queria saber. Por um momento, parecia que não me seria permitido entrar. Somente mostrando a carta do governador me foi possível não perder o dia e me juntar aos outros visitantes.

Havia 60 ou 70 de nós naquela tarde e fomos todos levados à espaçosa sala de visitantes. Na hora certa, os prisioneiros entraram, todos vestidos com camisas vermelhas e calças azuis. Sutherland me achou, embora nunca tivéssemos nos encontrado antes, e veio a mim com a mão estendida. Ele tinha o rosto magro e intenso, mas sorridente. É o prisioneiro número 32.643.

Esse, como me havia contado em cartas, era um homem que matara alguém que supunha ser seu amigo e cortara o corpo em pedacinhos com um serrote para tentar desfazer-se dele. Ao olhar para ele, não pude deixar de pensar no evento sinistro que o havia trazido para esse lugar. Eu nunca conhecera ninguém assim antes.

"Posso lhe fazer qualquer pergunta?" [indaguei]. "Qualquer coisa" [respondeu ele]. Ele me pareceu imediatamente como alguém que nada tinha a esconder. Não tentou negar que havia matado um homem e disse também que, se tivesse sido apanhado por tudo que havia feito, estaria cumprindo uma pena de 200 anos em Glenochil.

Ele acredita, porém, que não deveria ter sido condenado por assassinato, mas por homicídio culposo, visto que o "amigo" que ele matou tinha tentado fazer avanços homossexuais com ele e que ele mesmo estava bêbado e drogado na ocasião. Naquele momento, estava tentando persuadir a Scottish Court of Appeal (Corte Escocesa de Recursos) a rever seu caso.

Foi muito honesto sobre seu passado. “Venho de um histórico de hedonismo total [disse]. Tudo era excessivo – sexo em excesso, drogas em excesso, bebidas em excesso. Foram 20 anos disso e tudo começou quando eu tinha 16 anos.”

Ele não quer oferecer os fatos como nenhum tipo de desculpa, mas como filho único do segundo casamento de sua mãe, nunca se sentiu querido. Seus pais atendiam suas necessidades básicas, só isso. Teve dois acidentes enquanto criança, em um dos quais quebrou a perna. Quando voltou à escola, se sentiu sozinho e “burro”, e então parou de ir.

A essa altura, já fora do controle de seus pais, foi mandado para um orfanato, onde o tratamento era com frequência brutal. Quando continuou a molhar a cama, um dos empregados simplesmente bateu sua cabeça contra a parede. Ele nunca mais voltou a molhar a cama.

Durante esses anos, tanto quanto ele podia lembrar, seus pais nunca o visitaram. Seu pai saíra de casa quando ele tinha 12 anos e o vira apenas três vezes nos 28 anos seguintes. Quando o vi em Glenochil, ele não esperava nenhuma outra visita durante aquele ano. Ele não se importava com isso, insistiu, “porque não é legal para eles virem a um lugar como este”.

“Meus melhores anos [adicionou comovido] foram entre as idades de 18 meses e 3 anos. Eu tinha um tratorzinho, mas aí meus pais o venderam e a vida nunca mais foi a mesma.”

Na casa de seus 20 anos, Sutherland já se tornara um infrator persistente e daí em diante por crimes mais graves – violar a paz, assalto, estupro – e tinha se tornado uma espécie de turista de prisão, experimentando toda uma série de cadeias escocesas: Edinburgh. Dumfries, Peterhead, até que veio, por último, para Glenochil em 2010.

Na prisão de Dumfries, contudo, a vida de Sutherland começou, devagar, a tomar um rumo diferente. Em 2005 ele pegara um livro intitulado *We're All Doing Time* (Todos estamos cumprindo sentenças, em tradução livre). "Nesse livro [disse], o autor menciona diversas vezes esse sujeito chamado de Buda, que fala em entrar em contato com aquele que você realmente é, e isso me pareceu familiar."

"Tive uma formação católica e me ressinto disso. Tudo era muito rígido, como na inquisição. A abordagem era 'não faça nenhuma pergunta, apenas creia!' e, quando cheguei ao ponto em que podia pensar por mim mesmo, desconsiderei isso. Minha filosofia passou a ser 'você vive, você morre, então aproveite o tempo entre os dois'.

O conselho de Buda, pelo que entendi, parecia ser 'não acredite em nada que eu te diga, não acredite em religião ou em mestres espirituais, não acredite apenas porque está escrito em algum lugar – mas se, depois de investigar, você achar algum benefício nisso, faça todo o possível para viver de acordo com aquilo.'

Pensei: 'Espere aí, se é sobre religião que ele está falando, o que aconteceu com o outro tipo?: você *tem de*, você *tem de*, você *tem de'*. Não parecia haver nenhum dogma no que era proposto. Aquilo me intrigou. A religião que conhecia era um conjunto de regras e regulamentos e, contudo, aqui estava um cara que estava dizendo: 'não há regras, regulamentos ou dogmas, somente alguma coisa para dar uma olhada'.

E aquilo o deixava livre para decidir. Seria fantástico se você achasse alguma coisa naquilo, mas nenhum grande drama se não achasse. Nunca em minha vida encontrei algo em que alguém não me mandasse fazer alguma coisa – e ali não havia ninguém envolvido que dissesse ter um monopólio da situação de paraíso ou inferno.

Assim, fui ao departamento de educação para perguntar se eles tinham qualquer livro sobre o Buda. Fiquei um pouco constrangido, porque pensei que eles iam imaginar que eu tinha alguma religião, todos aqueles renascidos e tal e coisa, sou um novo homem e assim por diante. O coordenador de educação olhou para mim com o que pensei ser certo desdém, embora isso talvez seja exagerar um pouco, mas falou 'deixe comigo'.

Quando voltei para as aulas de inglês que estava frequentando, esse livro pequenino sobre o Buda apareceu. A professora de Inglês,

Carol, disse em voz alta para a classe: 'Por que você está perguntando sobre o Buda?', e isso foi ainda mais constrangedor. Mas daí ela disse: 'Há uma comunidade budista aqui perto. Chama-se Samye Ling e vou te dar o endereço deles'.

Agora, nesse ponto [Sutherland continuou], eu ainda estava fumando, ainda tomava drogas. Há um monte dessas coisas na prisão – heroína, haxixe e outras substâncias. Então era maconha, cigarros, apenas uma continuação da minha vida fora da cadeia. E eu estava com muita raiva do mundo, porque pensava que todos eram culpados pelo que tinha acontecido comigo."

Dessa maneira começou uma jornada que, com muitas dúvidas, hesitações e olhares para trás, deu nova esperança e objetivos a um homem que tivera pouco de ambas.

No interminável alvoroço da prisão, Sutherland resolveu descobrir uma nova maneira de viver; descobrir, através da meditação, um silêncio interior, uma paz interior que vai ajudá-lo a deixar para trás a vida totalmente autodestrutiva que ele estava levando há décadas. Como ele mesmo diz, é a coisa mais corajosa que ele jamais tentou fazer.

Escreveu aos budistas tibetanos do Samye Ling. Um alemão chamado Max veio vê-lo, eles conversaram sobre meditação, e Sutherland decidiu separar 20min diários para praticá-la. Em um mês, ele deixara de fumar e de tomar drogas. Ele tinha também, por razões que ele mesmo não entendia totalmente, feito um voto de nunca cuspir de novo e de parar de falar palavrões.

Ao mesmo tempo, uma verdadeira batalha acontecia dentro dele. "Uma parte de minha mente dizia: 'desista disso, é uma perda de tempo', e outra parte falava: 'você tem de insistir'.

Nesses primeiros poucos meses, eu me perguntava o que estava acontecendo. Esperava paz e tranquilidade, os paraísos se abrindo – mas nada disso ocorria. Uma manhã eu dizia a mim mesmo: 'Não vou continuar fazendo isso', mas 10min depois, tinha começado a meditar de novo. Era como se uma bela voz reconfortante dentro de mim dissesse 'é disso que você precisa'.

O outro problema era que, tentando meditar em silêncio, subitamente me dera conta de toda aquela bagunça. Quando cheguei na prisão, não prestava atenção ao barulho. Naquele momento, não tinha um lado espiritual, então aquilo não me incomodava. Agora eu começava a escutar as coisas de modo muito mais violento – portas batendo, pessoas gritando o tempo todo.

Cometi o erro de tentar achar paz num silêncio convencional, e esse tipo de silêncio é alguma coisa que simplesmente não existe na prisão. É um erro que ainda faço, porque minha mente não está assentada o suficiente. Não sou um praticante bom o bastante.

Muito mais tarde, quando fui transferido para Peterhead, pensei que acordaria às 4h da manhã para achar algum silêncio de verdade, mas então descobri que havia uma fábrica de sexo de gaivotas do lado de fora da janela e podia ouvir todos aqueles sons loucos que elas fazem quando estão acasalando." Aquele fato o fez achar ainda com mais certeza que estava nadando contra a corrente.

Depois de poucos meses tentando aprender como meditar – e fracassando – uma ajuda chegou sob um manto inesperado.

Uma freira budista, uma senhora escocesa mais velha conhecida como Venerável Mary, começou a visitar Sutherland em Dumfries para ajudá-lo e encorajá-lo. Ela estava, como lembra, vestida em um robe bordô com uma faixa amarela. Veio vê-lo ao menos sete vezes em um único ano.

Ele se queixou para Mary que sua mente se tornara ainda mais ocupada, e não mais quieta, que ele havia começado a ponderar eventos de seu passado e tentar planejar como queria que fosse seu futuro. Longe de criticá-lo, Mary disse a ele que aquilo era muito bom, porque ele estava ficando mais consciente dos movimentos de sua mente, e que tinha de continuar com a meditação.

Muitas pessoas, ela disse, desistem do budismo quando estão apenas começando a chegar em algum lugar. Sutherland continuou meditando, em parte porque não queria desapontá-la, já que ela vinha de tão longe para vê-lo.

Ao mesmo tempo, ele também estava consciente de que alguma coisa positiva estava acontecendo dentro dele. "O ego é poderoso [disse], mas eu tinha uma sensação de que, aquilo que os budistas chamariam de meu eu interior, estava começando a vir à tona, como uma luz brilhando através de uma janela – e nessas circunstâncias o ego se sente terrivelmente ameaçado."

"Todo o conflito interno prega truques horríveis em você – ansiedades, hipocondria, imaginando que você tem doenças que realmente não tem. Tinha começado a olhar as pessoas sob uma luz diferente, mas o ego continuava me falando 'você é um idiota fazendo tudo isso!'

Acho que o ser interior sobre o qual estou falando é a habilidade de sempre fazer a coisa certa, fazer o que é virtuoso, esperando que seja para o benefício de outras pessoas e do seu próprio também. É uma tarefa muito árdua.

A melhor maneira que encontro para explicar o que eu estava tentando fazer na meditação silenciosa é essa. O sol, que é nosso ser interior, nosso eu verdadeiro, está sempre brilhando, mas, por um momento, podem haver nuvens cobrindo-o. Quando você medita, você começa a varrer aquelas nuvens para longe.

Quando elas são varridas para longe, você começa a entrar em contato com seu eu verdadeiro. Um monge anglicano uma vez disse que, para achar seu eu de verdade, você pode ter que atravessar experiências assustadoras. É como encarar seu eu antigo e lhe apresentar uma opção diferente.

É como uma guerra contínua, que continua até agora. Todo dia é uma batalha. Às vezes o ego ganha, às vezes meu eu interior vence. Acontece numa base de momento a momento. Umas poucas vezes quase desisti.

Eu estava realmente tentando mudar meu comportamento com relação às outras pessoas, mas achava aquilo muito difícil. Quanto mais longe eu ia naquela direção, mais difíceis pareciam ser as pessoas com quem me defrontava. Pedia, por exemplo, a um membro da equipe da prisão se ele poderia marcar uma visita para mim e ele dizia: 'não, não vou permitir isso'. E eu pensava 'mudei meus modos, certamente o mundo deveria mudar comigo'. Por aquele tempo, os companheiros de Sutherland na prisão o tinham apelidado de Buda."

A luta diária dentro de Sutherland fica bem clara no diário que ele começou a manter depois de chegar a Glenochil. Seus escritos revelam um homem batalhando contra todas as irritações da vida presidiária, o tormento de ter perdido sua liberdade, um homem às vezes afundado em desespero, mas sempre, de alguma maneira, lutando de volta à superfície, tentando manter os votos que fizera, intensamente autocrítico sobre suas falhas, apegando-se à nova forma de vida que encontrara.

1) 1º de dezembro de 2010: "Já vi violência suficiente para o resto de minha vida. Quando comecei a estudar os ensinamentos de Buda há 5 anos, fiz um voto de jamais ferir alguém de novo. Às vezes foi muito difícil manter isso aqui, mas até agora não usei violência. Infelizmente não tenho sido tão contido com minha boca ou com minha mente".

2) 2 de dezembro: "Tudo agora está coberto de neve. Eu amo a neve, deve ser a criança em mim. Tivesse me comportado... melhor na vida e talvez pudesse estar lá fora na neve brincando com Mirin (sua filha). Talvez não... ela vai fazer 12 anos agora. Espero realmente poder vê-la de novo um dia. Já se passaram 8 anos desde a última vez que a vi".

3) 6 de dezembro: "Não julgo ninguém, tento dar o meu melhor e aceitar as pessoas como as conheço, não importando o passado delas. Quando aquela porta fecha à noite, é um trabalho suficientemente grande lidar com seu próprio arrependimento sem adicionar a ele a dor de ninguém mais... Como descobri, a pessoa mais difícil de perdoar é você mesmo".

Com todos seus altos e baixos, porém, qual tinha sido o valor de todas as horas passadas em meditação silenciosa? "A primeira coisa [respondeu Sutherland] é que agora aceito que o que aconteceu na minha vida é minha culpa e de ninguém mais. Isso se aplica inclusive a coisas fora de meu controle. Quando as coisas acontecem agora, é por causa de minhas ações passadas nesta vida ou em encarnações anteriores."

"Esse é um alívio tão grande para mim. Antes, poderia culpar as outras pessoas por tudo – minha mãe não tinha me amado o bastante e coisa e tal. Era sempre falta deles, culpa deles. É um alívio no sentido de que não mais carrego aquela raiva, aquela angústia em minha alma, como se você sempre sentisse que o mundo tinha sido injusto comigo. Estava sempre apontando e culpando, e com toda aquela raiva tem de haver um grande desperdício de energia.

A segunda coisa é que sei agora que há um objetivo para minha vida, que é ser o melhor ser humano que posso ser, e tratar a todos como eu mesmo gostaria de ser tratado.

A terceira coisa é que sou uma pessoa completamente diferente do homem que entrou por aquela porta da prisão. Você poderia dizer, de um modo, que sou um monge prisioneiro. Sou um praticante terrível do budismo, mas sou consistente e tento meu melhor. É a única coisa de que nunca desisti. Muitas vezes quase chutei o balde, mas algo sempre me puxou de volta. Não sei dizer o que é."

Como, porém, ele conseguiu lidar com todas as coisas que havia feito? "No começo [disse Sutherland] apenas empurrava para trás da minha mente. Então o budismo me ajudou a lidar com o que aconteceu. Ele diz que o passado se foi e pronto, não há motivo para ficar remoendo as coisas."

"Não quero ser frio e dizer que não importa, porque, claro, importa. É uma coisa horrível o que aconteceu, particularmente porque Alan era um amigo, mas não teria acontecido se eu não estivesse naquele estado mental produzido pela vida que estava vivendo nos 20 anos anteriores. Um vulcão entra em erupção de vez em quando, e é isso que aconteceu comigo. Eu era um barril de pólvora.

O que fiz a Alan está tão claro para mim quanto no dia em que o fiz, e isso será sempre assim. Posso ver o corpo de alguém que foi verdadeiramente generoso comigo, posso ver cada corte que fiz. Ele avançou sobre mim sexualmente, e eu reagi.

Então, sim, ainda é um fardo para mim, mas não há uma palavra no budismo tibetano para culpa, eles não entendem o termo. Falam sobre arrependimento, e a beleza do arrependimento é que você pode resolvê-lo, você pode ter o remédio, você pode aliviar o sofrimento.

Não significa que eu tenha esquecido e me tornado indiferente. Significa que eu compreendo por que aconteceu e que eu fiz um voto de nunca fazer nada assim de novo. Não apenas fiz um voto de não fazer essas coisas, também fiz um voto de nunca comer carne ou nenhum ser vivo novamente. Há 6 anos que venho fazendo isso.

Quando estou lá fora, no campo de exercícios, depois da chuva, há diversos bichinhos. As pessoas pisam neles por acidente, mas eu os pego sabendo o que fiz no passado, sabendo o que a meditação silenciosa me ensinou. Estou tentando dar o melhor de mim e não ferir nenhuma criatura viva, por menor que seja. Esse é o arrependimento, essa é minha resolução, esse é o remédio.

Por causa do que me aconteceu, posso tentar ser o melhor ser humano possível e automaticamente ser qualificado para o perdão. Se eu voltasse para minha maneira antiga de ser, isso seria um insulto à morte de Alan, e um tapa na cara de todas as pessoas que machuquei e, acredite, eu causei muitos problemas às pessoas.

Mas esse tem que ser o lugar mais difícil para estudar a vida espiritual. Você é confrontado com uma barragem constante de pessoas insensíveis e raivosas. Não existe pausa. Tenho a imagem de tentar escalar o Everest – e quanto mais alto na montanha você vai, mais árdua se torna a escalada. Nunca teria continuado se não tivesse o suporte da (organização) Prison Phoenix Trust.

Às vezes me pergunto como minha meditação pode me beneficiar quando ainda fico irado com as pessoas, quando ainda estou cheio de desejo, ódio, inveja e orgulho, às vezes até pior do que no começo.

Mas com ela há também belos momentos de paz, compreensão e enriquecimento. Estou encarando as coisas pela primeira vez. Eu menti a vida toda, mas agora estou aprendendo a ser verdadeiro. E o que era uma vez apenas uma pequena faísca agora se transformou em chama. Sim, a chama sofre golpes, mas nunca se apaga.

Eu me sinto só porque não tenho um contato regular com um professor budista, e então tenho de tentar ser meu próprio guru, usando meu entendimento muito limitado para criar uma prática que se encaixe com minhas necessidades. Eu medito 1h por dia, embora não todos os dias, e no momento estou me concentrando na meditação zen, usando um mantra.

A mente para, todos os pensamentos cessam e você está em união com Deus, ou com o Grande Espírito, ou com o Buda. Faço isso pelo que vem do silêncio – paz, amor, compreensão.

O Buda diz que todos nós na Terra estamos tentando chegar em casa – o que você chama de céu, nirvana, paraíso, é tudo a mesma coisa. É como a semente que vive dentro de nós. Tudo que podemos fazer com essa semente é plantá-la, regá-la, talvez colocar uma cerca ao redor dela. De resto, temos que confiar na graça – e isso é o que a meditação pode ajudá-lo a achar.

Prisões, sabe, não são criadas por tijolos e argamassa, por portas trancadas. Elas são construídas dentro do coração e da mente das pessoas. É apenas lá que todos nós acharemos liberdade. Minha prisão acabou quando eu vim para a prisão, porque eu estava numa prisão pior lá fora.

Se eu estivesse deitado na cama momentos antes da morte e o Dalai Lama viesse a mim e dissesse 'essa coisa de budismo é um monte de lixo', sabe o que eu faria? Diria 'não importa, é a melhor coisa que já fiz na vida!'"

Nos meses desde que nos encontramos, Sutherland e eu trocamos cartas com regularidade. As dele são sempre honestas, mas não são jamais depressivas. Pelo contrário, elas são repletas de uma alegria subjacente mesmo que, no presente, ele não possa se candidatar à condicional até 2021.

É evidente que ele está lendo muita coisa. Cita Jesus, o Buda e escritores como Thomas Merton. Ele me pressiona para ler livros que acredita irão me ajudar. Enviou-me um encantador cartão de natal artesanal com o conselho de Merton: "fique parado e deixe que Ele faça seu trabalho. Isso é o que significa renunciar, não apenas ao prazer e às posses, mas até mesmo ao seu próprio eu".

Em uma de suas cartas ele disse que havia escrito para a mãe a fim de assegurá-la de que o fato de que acabara na prisão não tinha nada a ver com ela, que ela sempre tinha feito o melhor que podia para ele. Isso, disse ele, tinha tido uma ótima reação da parte dela, embora ela ainda não o tenha visto.

É óbvio também que a "pequena faísca" não se apagou. "Se eu um dia sair daqui [ele me disse] e me descobrir morando numa caixa de papelão, na miséria total, eu ainda acharia tempo para ter contato com quem sou de verdade, para me ajudar a achar o caminho para casa."

15

Padres do Deserto

O Mosteiro de São Macarius o Grande, fundado há mais de 1.600 anos, poderia ser facilmente confundido com uma prisão ou com uma fortaleza. Suas muralhas massivas são como torres na zona rural egípcia, a apenas poucos quilômetros da estrada de Cairo a Alexandria. Parecem mais um bastião para repelir intrusos do que um lugar de devoção religiosa.

Os muros de sua grande cidadela circular têm muitas janelas pequenas, mas apenas uma entrada modesta e estreita para visitantes. Além disso, as dunas do deserto ocidental espalham-se por todo o caminho até a borda libanesa. Quando chegamos, um homem estava varrendo a sempre invasiva areia para fora da porta.

Uma vez lá dentro, tive uma recepção calorosa. Era evidente que eu estava sendo esperado. O capelão americano da Anglican Bishop of Cairo, que tinha me levado até lá em seu carro, fez as apresentações. Os monges – cristãos copta –, que pareciam extraordinariamente alegres, estavam todos vestidos em impressionantes robes negros e capuzes.

Os capuzes são tecidos com treze cruzes douradas, seis em cada lado de uma faixa dourada divisória que passa pelo centro da cabeça, e com a décima terceira cruz na parte de trás. A faixa dourada, como descobri depois, é um símbolo da sensação que Santo Antônio, fundador do primeiro mosteiro no deserto do Egito no século IV, teve de que sua cabeça estava sendo fendida por suas batalhas contra as tentações do demônio.

Doze das cruzes representam os apóstolos, a décima terceira o próprio Cristo. Elas todas têm o objetivo de proteger os Pais do Deserto de qualquer pensamento maligno. Os capuzes também têm uma cauda, símbolo do fato de a pessoa que o usa ter deixado o mundo para trás. Sob seus roupões, os monges usam um cinto de couro marcado com três cruzes para ajudá-los a preservar a castidade.

Foram-me mostrados meus aposentos, que eram adequados, ainda que com um toque penitencial. Meu quarto, no segundo andar, ficava no fim de um corredor longo e um tanto empoeirado e tinha um zero na porta, talvez para me dar o sentido de minha própria insignificância. Um número considerável de mosquitos famintos já estava na residência.

O local para as refeições não era exatamente mais convidativo. A mesa de jantar ficava em uma área também empoeirada, escura e sombria. Não havia um prato, nem talheres ou louças de barro dignos desses nomes. A comida chegava diariamente em marmitas de aço. Os suprimentos do primeiro dia, por exemplo, consistiam de três ovos cozidos, um iogurte sem gosto e um queijo extremamente salgado, feito em casa. Eu sempre comia sozinho, apenas com os mosquitos como companhia.

Apesar das circunstâncias pouco prometedoras, os três dias seguintes foram dos mais enriquecedores de minha vida. Passei a amar o mosteiro e os monges. A experiência toda deixou em mim uma marca indelével.

Depois de um jantar um tanto desorganizado, apareceu um monge que seria meu guia e conselheiro nos próximos dias. Seu nome era Abouna – Padre – Mercurius. Nos tornamos amigos sem esforço e, enquanto conversávamos na escuridão que tomava conta do lugar, travamos uma fútil batalha contra os mosquitos.

Com uma boa dose de risadas, competíamos para ver quantas das astutas criaturas podíamos contar. Eles venceram a batalha com facilidade. Conseguimos apenas matar uma delas cada um.

Mercurius disse que tinha 39 anos e que, até tornar-se um monge há 15 anos, fora um arquiteto. Ele tinha tido o maior prazer em tudo aquilo para trás, mas sua mãe e seu pai tinham ambos chorado amargamente quando ele lhes contou sua intenção. Agora vinham vê-lo três vezes ao ano, mas ainda sentiam que tinham perdido seu único filho.

Tinha sua época em São Macarius sido uma época feliz, porém? "Muito, muito feliz" [respondeu Mercurius]. Teria sido porque ele era um homem bom? "Não, não sou um homem bom, mas talvez esse seja o lugar certo para mim" [disse]. A devoção dele havia esvanecido um pouco. Ele é como alguém que simplesmente se rendeu à luz do sol e não precisa fazer um grande alarde sobre isso.

Mercurius tinha escolhido ser um Padre do Deserto, disse, porque queria estar com Deus naquele lugar e, no Egito, 80% de seus santos tinham sido Monges do Deserto. O deserto era um lugar muito bom para limpar o coração e ter um tempo de quietude com Deus. Todos os 130 monges em São Macarius, tinha certeza, concordariam com isso. Todos eles consideravam o deserto como um espaço no qual podiam encontrar Deus.

"Desde o primeiro dia em que entramos aqui [disse Mercurius], ficamos em silêncio uma grande parte do tempo. A principal exceção é quando estamos trabalhando juntos nos campos, onde as palavras são necessárias. Temos um ditado, 'cale a boca para deixar que seu coração fale e depois cale seu coração para deixar que Deus fale'. Então é lábios, coração, Deus. Se não falarmos em nossos corações com Deus, então o silêncio não é nada."

Ele e os outros monges realmente sentiam que Deus de alguma maneira se comunicava com eles no silêncio? "Claro [respondeu, embora aquela fosse a mais tola das perguntas]. Em nossos corações, todos os dias, em cada prece, em cada leitura da Bíblia."

"Em minha experiência, (o silêncio) nos traz paz, você sente seu coração cheio de amor – e às vezes, embora raramente, a comunicação vem em forma de palavras. Não é como alguém falando, mas vem aos nossos corações – 'faça isso, faça aquilo, tome conta desse homem, daquela situação'. São pensamentos de algum lugar, não de nós mesmos."

Ele me deu um exemplo. "Eu estava muito ocupado com meu trabalho nos campos, com nossas plantações de bananas e mangas, e todos os dias voltava para minha cela completamente exausto. Nós temos uma rede local de telefone apenas para o mosteiro que podemos usar de graça, e eu estava fazendo ligações todas as noites para preparar o trabalho para o dia seguinte.

Então, um dia, num período de silêncio, escutei uma voz muito clara que disse 'não se preocupe muito com toda essa poeira, lembre-se de por que você veio para cá!' Aquilo significava que o trabalho poderia ser bom, mas cuidar dele mais do que de minha vida eterna era o modo errado de continuar.

Fiquei chocado quando escutei sua voz. Não era como se tivesse procurado por isso. Veio de súbito, completamente do nada. 'Deixe a poeira, lembre por que você veio para essa vida!'

Então perguntei a mim mesmo, de novo, por que tinha me tornado um monge – era de fato para me preocupar com o trabalho nos campos? Passei os sete dias seguintes num estado de reflexão e daí decidi que passaria menos tempo nos campos. Também acabei com todas aquelas ligações telefônicas.

Foi um momento decisivo em minha vida aqui. Aquele pensamento não tinha vindo absolutamente de mim porque eu me preocupo muito com o trabalho nos campos. O problema era que eu tinha ficado profundamente envolvido com aquilo."

Tinham havido outras ocasiões em que ele ouvira uma voz muito clara, que parecia vir de algum lugar. Ele procurara um homem em particular para trabalhar com ele nos campos, um homem com muita habilidade e energia. Pedira a Deus por sua opinião e o pensamento veio com clareza: "Não chame este homem para vir trabalhar com você"; e ele havia obedecido.

Três ou quatro dias depois, percebera que, se não tivesse obedecido, isso lhe teria trazido muitos problemas. Ele não explicou por que, mas disse que havia agradecido a Deus com todo seu coração.

O convento possuía uma propriedade de 3.000 acres e, nos 60% em que cultivavam, plantavam oliveiras, tâmaras, frutas como laranjas, bananas e mangas, e também quase todos os legumes que consumiam. Tinham ainda uma fazenda com galinhas, duas com vacas e uma com peixes. A renda os permitia ser autossuficientes, e usavam o excedente na ajuda às famílias pobres do Alto Egito. Empregavam cerca de 800 trabalhadores daquela área durante os meses de verão.

No perímetro da propriedade, Mercurius acrescentou, eles tinham quatro ou cinco eremitas que passaram a vida toda em quase completo silêncio. Alguns estavam em locais que ficavam a 3 ou 4km de distância do mosteiro, eles não trabalhavam nos campos, não tinham celulares (diferente da maioria dos monges) e praticavam silêncio ao longo do dia.

Eles vinham à missa duas vezes por mês, mas não participavam da prece diária ou das refeições, e não tinham eletricidade em suas ermidas. Seria possível encontrar, perguntei, um desses eremitas? Mercurius ficou em silêncio por um longo tempo. "Vou pensar nisso" [disse].

Assim, ambos nos retiramos de nossa batalha com os mosquitos, e Mercurius se preparou para deixar-me. Havia só uma coisa, adicionou. Eu não deveria sob nenhuma circunstância ir andar no deserto. Havia serpentes e lobos lá fora, era perigoso.

Na manhã seguinte, na gloriosa luz do sol, andei na estrada do mosteiro para ver uma das fazendas de gado, e vi dúzias de animais contentes e de aparência saudável. No caminho de volta surpreendi um velho Padre do Deserto sentado ao lado da estrada. Ele me disse que era monge há 39 anos e veio a São Macarius pela primeira vez quando ainda estudava para seu mestrado em farmácia.

Um dia, depois de estar no mosteiro há muitos anos, sentira-se muito cansado e com o espírito pesado. Então, quase que subitamente, ouvira a voz de Jesus dizendo: "Você não quer sofrer um pouco comigo?" – e, imediatamente, sua condição mudara e ele ficara muito feliz.

"Foi alguma coisa como um milagre [disse]. Sua voz era muito doce e reconfortante para a alma. Você não pode compará-la a nenhuma outra voz. Ele não fala muito, e depende dele quando ele fala com você."

Tivera outra maravilhosa experiência, continuou. "Eu tive, num piscar de olhos, uma visão do Reino de Deus – e era muito bonito, muito luminoso e repleto de paz. Sou um grande pecador e minha única esperança é de ser limpo pelo sangue de Jesus Cristo, mas por favor diga a seus leitores que isso é presente, é aqui, é real. Senti que um presente como aquela experiência era igual a uma vida toda." Poderia ter sido, me perguntei, uma versão cristã da experiência zen da iluminação?

Daí o velho monge falou sobre o homem, Padre Matta-el-Meskeen – Matthew o Pobre – que fora enviado pelo papa copta para restaurar o mosteiro em 1969, numa época em que esse estivera fechado a ponto de ruir. Matta encontrara todos os prédios numa condição péssima e havia apenas seis velhos monges restantes – mas, ao longo dos 30 anos seguintes, ele havia transformado completamente o lugar. "Matta [disse o velho monge] tinha uma enorme visão, não como a minha visão estreita."

Quando voltei ao mosteiro, encontrei Mercurius à minha espera. Ele não tinha, disse, ideia se algum dos eremitas estaria disposto a falar comigo, mas poderia ao menos ir e lhes perguntar.

Assim, saímos pela pista do perímetro empoeirado na propriedade do mosteiro. O calor estava escaldante. Falei a Mercurius sobre a música de Noël Coward "Mad Dogs and Englishmen" (Cachorros loucos e ingleses, em tradução livre, canção que fala que apenas esses dois tipos saem sob o sol do meio-dia). Ele riu. "Agora existem dois cachorros loucos [ele disse]. Você e eu."

Primeiro fomos a um eremitério simples e construído de pedras à sombra das dunas de areia. Mercurius foi à frente para ver se o eremita se sentia inclinado a me ver. Esperei escondido atrás de uma sebe para poupar o pobre homem do constrangimento de receber uma recusa diante de mim.

Na verdade, Padre Phillipus saiu e me saudou calorosamente, mas disse que não se sentia apto a responder às minhas perguntas. Eu entendi. Afinal, estava invadindo um profundo silêncio. Continuamos a caminhar e, depois de quase 1km, chegamos a outro eremitério.

Dessa vez a resposta foi positiva. Padre D ficou bastante feliz em falar e tentaria responder todas as minhas perguntas, disse Mercurius, mas perguntara se poderia permanecer anônimo. O Padre do Deserto estava ainda "passando por algumas lutas", disse ele.

Não havia sinal delas quando nos encontramos. Padre D parecia inteiramente em paz. Era um homem vigoroso e animado, de 39 anos, com uma barba preta e olhos pretos. Ele nos recebeu com prazer em seu eremitério pleno de sol que tinha, surpreendentemente, uma pequena sala, um quarto, um banheiro e um quarto e sala, todos os cômodos luxuosos pelos padrões dos Padres do Deserto primitivos, mas ainda relativamente simples.

Na salinha havia um pequeno tapete e duas cadeiras. Nas paredes havia imagens de Cristo, da Virgem Maria, de São Miguel Arcanjo, de Santo Antônio e de São Paulo.

Assim que começamos a conversar, senti que as respostas do Padre D vinham de um profundo manancial de silêncio, de um homem que havia se despojado de quase todo o contato humano, que tinha olhado bem fundo para dentro de si mesmo e ficado nu diante de Deus, a quem considerava como seu criador e redentor. Suas respostas eram inteiramente sem verniz e não traíam nenhum desejo de me agradar ou de me convencer.

Antes de se tornar um monge no ano 2000, disse, tinha administrado uma fábrica que fazia tijolos. Agora o empreendimento era dirigido por seu irmão mais novo. Então, em 2008, persuadira seus companheiros monges, contra alguma resistência dos irmãos mais velhos, a permitir que vivesse essa existência de silêncio e solidão. Tinha sido claramente uma batalha, mas eles no final tinham cedido diante do desejo apaixonado do Padre D de que lhe fosse dado o que considerava como liberdade.

Agora, disse, ele via apenas um outro ser humano por talvez 15min por semana, quando um de seus companheiros-monges trazia suprimentos de comida e bebida. Ele também ia à missa uma vez ao mês e frequentemente ficava na noite anterior no mosteiro.

Por que, perguntei, ele tinha escolhido essa vida de solidão e silêncio, o profundo, transbordante silêncio do deserto? "Para ficar perto de Deus [respondeu] e para ter tempo para meditação profunda. O homem que ama sua esposa e espera passar o resto da vida com ela quer ficar sozinho num lugar quieto com ela durante a lua de mel." Assim era com ele e Cristo.

Como, então, ele passava seu dia? "Com Jesus [replicou o Padre D], e sem nenhuma limitação. Eu ando meia hora por dia para fazer exercício, mas o monge que vive sozinho quer ir, passo a passo, mais fundo nas preces até que esteja orando a noite inteira."

"Nossos antepassados do deserto fizeram isso, e é isso que vou fazer. No momento, vou para a cama às 8h, levanto de novo à 1h da manhã e daí passo o resto da noite rezando até o sol sair." Para um homem que esteve acordado a maior parte da noite, ele não mostrava nenhum sinal de cansaço.

"Uma das grandes virtudes do silêncio [ele continuou], é que ele ajuda você a ver as coisas como elas são de verdade, despojando-as de suas aparências externas enganosas. As coisas que capturam sua mente no mundo subitamente parecem falsas, apesar de todo seu brilho.

O homem é criado com duas naturezas – a natureza da carne, com toda sua paixão por comida, bebida, sono e todo o resto – e a natureza do espírito. Aqui nesse lugar solitário existe tempo para nutrir esse espírito.

Quando você está com Jesus, há um sentimento de paz absoluta, de absoluta quietude e absoluta alegria. Quando você está com Ele, você não tem a sensação de uma luta entre suas duas naturezas."

Padre D disse isso tudo sem a mais leve pincelada de ostentação de alguma piedade. Era, para ele, uma simples afirmação de um fato, de uma experiência diária, uma afirmação que vinha de um homem que conhecia a felicidade de uma relação pessoal com Jesus a qual milhões de cristãos anseiam, mas nunca acham. Parecia completamente irrelevante perguntar se ele era um homem feliz. Era evidente que ele tinha sentido alguma coisa muito além da mera felicidade.

Perguntava-me, porém, se ele nunca se sentira sozinho? "Se o relacionamento de um homem com Deus é fraco [respondeu], ele talvez se sinta só. Eu só me senti assim muito raramente, embora Deus deixe isso acontecer de tempos em tempos apenas para me fazer humilde de novo. Para saber, também, o que é ser uma dessas pessoas que estão separadas de Deus, então assim posso sentir por elas e rezar por elas."

Havia, eu disse, pessoas com fortes crenças cristãs que sentiam que homens como ele, que tinham deixado o mundo para dedicar suas vidas inteiras a Deus, estavam em um sentido carregando o resto de nós em suas costas, agindo como nossos defensores no Trono da Graça Celestial, como eles diriam. Havia, porém, também outros, muitos deles, que acreditavam que a vida que ele estava levando era uma completa perda de tempo, que deveria ir para o mundo e começar a fazer alguma coisa útil. Muitos desses eram pessoas boas e decentes. Como ele responderia a esse tipo de crítica?

Padre D não estava inclinado a ser defensivo de nenhuma maneira. Havia, ele disse, tantos benefícios que fluíam de um monge estar num lugar remoto como ele estava, onde seu único trabalho era rezar. Ele não estava rezando apenas por ele mesmo, mas pela salvação do mundo todo.

Deus tinha corretamente dito que, se houvesse apenas dez homens justos na vida de uma cidade, Ele perdoaria aquela cidade por todas suas falhas. O monge que vivia sozinho tampouco tinha a sensação de distanciamento. Pelo contrário, ele sentia de modo muito profundo os julgamentos daqueles que viviam no mundo lá fora.

Era, na verdade, uma resposta padrão e a mente racional talvez achasse essa lógica – se, de fato, fosse lógica – totalmente inaceitável. Mas então o Padre D via as coisas através de olhos diferentes do resto de nós, e quem pode ter certeza de que ele está errado?

Ele escolhera, disse eu, passar sua vida em quase total silêncio, mas se o silêncio fosse tão maravilhoso, por que tantas pessoas instintivamente se retraem diante dele? A resposta de Padre D foi franca. "É o pecado [disse] que faz o homem não querer estar sozinho no silêncio. Faz ele querer qualquer coisa menos isso, porque o silêncio desnuda um homem. Satã quer que o homem faça qualquer coisa menos ficar em silêncio. Existem pessoas que fazem muitas coisas boas mas ainda assim evitam o silêncio a qualquer custo.

O silêncio, para essas pessoas, pode parecer muito perigoso, mas então, às vezes, pode vir um certo sussurro em suas mentes. Pode começar com uns poucos segundos de quietude e daí se tornar alguns minutos, e quando elas afinal sentirem o gosto da alegria do silêncio – depois de poucos dias no deserto, você pode degustar o silêncio, não com o nariz ou com a boca, mas com o coração – isso as encoraja a entrar nele repetidamente.

Você acha qualquer coisa nesse mundo exceto silêncio [continuou]. Se um homem retira tudo do mundo para si mesmo, ele sente dentro dele que ainda há alguma coisa mais que ele quer – e até que encontre a tal coisa não ficará satisfeito. Esse homem talvez nem saiba o que é – o diabo o cega –, mas ele pode encontrar aquela coisa através do silêncio."

Aquilo era conversa o suficiente. Quando saímos, Padre D nos acompanhou por parte do caminho. Sugeri a Mercurius que ele deveria falar ao eremita sobre a canção de Noël Coward. Mercurius ficou relutante, sentindo talvez que fosse inapropriado depois de momentos tão privilegiados, mas logo cedeu.

Padre D gargalhou. "Agora [disse] são três cachorros loucos!" Ele talvez leve uma vida solitária, mas não leva a si mesmo muito a sério e não sofre do pecado de considerar-se merecedor.

Esse foi apenas um dos encontros memoráveis em São Macarius. Durante os próximos dias, sete ou oito dos monges me procuraram para falar sobre a experiência deles do deserto e – para eles – de seu frutífero silêncio.

Eles estavam, sem exceção, cheios de paz e de um tipo de alegria tranquila. Não havia nenhuma religiosidade supérflua, nem declarações ferventes de ter nascido de novo, apenas uma profunda humildade – e honestidade sobre o fato de não terem chegado àquele presente estado sem dor e sofrimento. Eles tinham pagado, e ainda pagavam, o preço pela paz em seu coração com a autorrenúncia. Todos tinham sido curtidos pelo fogo da disciplina.

O Padre Shishoy é um ex-pesquisador que foi eremita por 10 anos e só voltou ao mosteiro porque lhe pediram que tomasse conta de 14 noviços. "Quando fui pela primeira vez ao deserto para viver sozinho [disse], andei uns poucos metros e então me deu vontade de levantar voo. Houve uma explosão de contentamento em meu coração. Na verdade gritei de alegria, não podia me controlar. Liberdade, pensei!"

Aqueles dias iniciais no deserto haviam sido maravilhosos. Às vezes ele literalmente pulava de alegria, mas então vieram os tempos difíceis. "Eram como lutas com o demônio [falou]. Às vezes havia solidão, às vezes distúrbios mentais, às vezes depressão, desilusão, frustrações. Com frequência eu ficava de joelhos, mas nunca quis desistir."

"Às vezes esses tempos de escuridão duravam minutos, às vezes horas, às vezes alguns dias. Ao longo desses 10 anos fui tentado em momentos como esses, mas eu sabia que tinha sido orientado pelo Espírito Santo a fazer aquilo.

Deus falava comigo durante esses dias; senti o poder de sua voz em minha alma. Quando encarava uma dificuldade, rezava para que Ele esclarecesse os motivos para aquela dificuldade, e uma vez escutei palavras bem claras 'Não tenha medo, estou com você!' Foi um período de grandes dificuldades, mas também de grande alegria."

Perguntei quais tinham sido os frutos desses 10 anos. "A graça de Deus" [respondeu ele]. E isso ainda vive com você? "Claro que sim" [disse]. "Às vezes aqui no mosteiro sinto o Espírito Santo se debruçar sobre mim e quero gritar para Deus de tanta alegria e gratidão."

"Quando isso acontece, fecho a porta e as janelas de minha cela porque tenho medo de estar fazendo muito barulho para meus vizinhos. Uma vez, uma pomba veio à minha janela e começou a cantar, e eu apenas queria que sua voz fosse mais alta do que a minha."

Mercurius me levou a um segundo eremita, Padre Azarias, que havia sido um oficial do exército egípcio e lutara nas guerras de 1967 e 1973, antes de se tornar um monge. Quando o conheci, Azarias era um eremita há 20 anos. "Estou aqui [disse], para ficar mais próximo de Deus em nome de toda a humanidade – e para rezar pelo mundo islâmico também."

Ele vivia com muita simplicidade numa caverna nas dunas de areia. Dormia numa cama de concreto, amaciada apenas por papelão, mas mesmo assim tinha "sonos muito profundos e serenos. Realmente sinto que estou mais confortável e satisfeito do que os reis deste mundo."

Mas, disse eu, você não possui nada. Azarias sorriu, um sorriso terno e bonito. "Eu possuo o paraíso" [respondeu]. Padre Matta, que fora a primeira pessoa a lhe dar permissão para que ele se tornasse um eremita depois de alguns anos no mosteiro e o acompanhara constantemente nos anos iniciais no deserto com encontros face a face e cartas, havia vivido ainda mais simplesmente quando ele próprio era um eremita.

Padre Matta e seus companheiros, disse Azarias, sobreviveram com a comida que lhes era trazida a cada três meses a camelo, e plantara grama comum para se manter no meio-tempo. Em São Macarius, disse, tinha tomates e pepinos e podia cozinhar para ele mesmo. A vida era muito mais confortável para ele do que havia sido para os eremitas anteriores.

Ele conhecia Padre Matta desde 1948, disse Padre Youhanna, um dos mais velhos no mosteiro. Matta vivera como eremita no deserto por 30 anos antes de o papa copta, que havia ele mesmo sido um eremita, ter lhe pedido que renovasse São Macarius. Padre Youhanna tem um rosto largo e gentil, e os mais generosos dos olhos. Transmitia uma sensação de ternura e paz interior.

"Matta tinha muita convicção sobre seu tipo de vida monástica [disse]. Para ele, ser um monge significava não falar, ter relacionamentos apenas com pessoas que Deus lhe mostrasse. Viver apenas para Cristo, colocando todos seus sentidos, ambições e sentimentos a serviço de Jesus."

Ele próprio vivera por anos ao lado de Padre Matta em um deserto muito distante. Por três daqueles anos vivera numa caverna longe de seus companheiros. Aquele tinha sido o melhor período de todos. O que tinha sido tão maravilhoso era o completo silêncio, sem eletricidade, sem aparelhos modernos. Até mesmo a água vinha de uma nascente no chão. Fazia você se sentir muito perto de Jesus.

"No começo [disse Youhanna] era muito difícil para mim. Eu era um farmacêutico e tinha vindo da cidade, onde todas as minhas necessidades materiais eram facilmente satisfeitas. De repente, me vi dormindo no chão! Mesmo assim, ao final, senti que aquelas necessidades materiais vinham a mim do paraíso.

Em tudo isso, o silêncio é muito importante, porque nele você pode ouvir a Deus. Nós vivemos em uma época em que as pessoas estão tão ocupadas e acham bom ficar ocupadas o tempo todo porque isso as ajuda a escapar de si mesmas."

Para que isso mude, disse ele, elas teriam que reconsiderar a atitude que tinham com relação ao tempo, e então haveria um tipo de dar e receber. Se eles se dedicassem ao silêncio e à oração, então – se a experiência dele servisse de referência – iriam ganhar a eternidade em retorno.

Nenhum dos monges que encontrei em São Macarius falou uma única palavra sobre doutrina religiosa. Era sempre silêncio, silêncio, silêncio como caminho para Deus. Até as pessoas religiosas, disse um monge, achavam que a oração era uma questão de estar falando o tempo todo, e com isso, faziam, de si mesmas, Deus. As orações não eram destinadas a ser um monólogo, tínhamos de ficar em silêncio e escutar as respostas de Deus em nossos corações.

Uma tarde, andei nas dunas e sentei ao lado do túmulo de Padre Matta, que morrera em 2006, e pensei como era estranho que aqueles homens que abdicaram de todos os prazeres e possessões deste mundo parecessem tão cheios de alegria, tivessem rostos tão claros e sem rugas, quando aqueles que bebiam tanto dos prazeres mundanos frequentemente parecessem atormentados e até mesmo devastados.

Os monges que encontrara, negando a si mesmos aqueles prazeres e submetendo-se aos rigores da vida no deserto, conseguiram, como me parecia, remover as camadas de impulsividade, autoimportância e indulgência, as roupas pesadas do eu com as quais o mundo cobre tantos de nós, e tinham uma luminosidade inequívoca. Eu ficaria muito feliz de desafiar os mosquitos e a comida para compartilhar suas vidas de novo.

Seja lá por que motivo for, os mosteiros e conventos nos desertos do Egito estão florescendo. De São Macarius, fui a São Bishoy, onde há não menos de 175 monges, muitos dos quais haviam sido médicos e engenheiros. Um dos engenheiros desempenhou um papel considerável na construção de uma nova e grandiosa catedral, cerca de 10 anos atrás.

O mesmo ocorre naquele que é provavelmente o mais antigo mosteiro do mundo, Santo Antônio o Grande, que foi erguido no sopé das Montanhas South Galala no Deserto do Leste, no Egito. Há 120 monges e 5 mais entram para a comunidade todos os anos.

Santo Antônio, que vivera perto do Rio Nilo, veio a este lugar aproximadamente no ano de 330 e ficou por 70 anos. Morava em uma caverna a cerca de 300m de altitude na montanha onde o mosteiro agora se levanta e, de acordo com Padre Ruweis, meu guia, vez por outra descia para passar algum tempo com os outros monges.

É preciso subir 1.200 degraus para alcançar a caverna. É uma tremenda empreitada. Tive sorte de subir sozinho, em paz e em total silêncio. É o mais perto que você pode chegar, eu imaginei, àquilo que é chamado muitas vezes de silêncio da eternidade. À medida que você sobe, vê, ao longe, lá em baixo, a grande extensão vazia do Deserto do Leste.

Ao final, no topo dos degraus, chega-se a um espaço plano e, além dele, uma rocha vertical com uma fissura. Há alguns tapetes maltratados na entrada daquilo que, em um determinado momento, tinha sido a caverna onde Santo Antônio passou tantos anos. Espremi-me pela fissura, desci alguns degraus e me vi numa sala pequena com uma mesa e pinturas de Cristo e de Santo Antônio. Os monges celebram a missa aqui com regularidade. É um lugar severo e solitário.

De volta ao mosteiro, encontrei Padre Zosema, que está na casa dos 40 anos e tinha sido diretor de arte na TV egípcia. Ele me falou sobre a única vez que achou ter ouvido a voz de Deus. Falava com grande emoção, quase em lágrimas, lutando para que as palavras saíssem.

"Eu estava com muitos problemas há apenas um ano [disse]. Sentia que teria um colapso mental. Quando decidi viver essa vida, Deus prometeu-me que estaria comigo, que nunca me sentiria sozinho – e mesmo assim senti que *estava* sozinho. Perguntei por que, e lutei para ficar mais próximo a Deus, mas não sentia nenhuma resposta dele. Em minha aflição subi as montanhas como você acabou de fazer.

Então escutei uma voz. Ela disse simplesmente 'Eu prometi!' Virei-me para ver de onde vinha. Tinha vindo da esquerda ou da direita, de cima ou de baixo? Perguntei-me se a tinha apenas imaginado, mas era muito clara e, depois de ouvi-la, senti muita paz. Essa é uma voz que você só pode receber quando está em silêncio."

16

O PODER NO SILÊNCIO

Ainda não compreendi completamente o que aconteceu naquela noite em Cingapura há tanto tempo. Só agora menciono o fato porque ele é, em parte, a razão pela qual decidi escrever este livro. Ao fim daquela noite, não tinha dúvidas quanto ao poder do silêncio.

Foi uma ocasião bizarra e inteiramente inesperada, mas mudou o curso de minha vida. Estava servindo o exército na Royal Air Force (RAF, Força Áerea Britânica) – "Venha em traje de passeio e traga tacos de golfe", dizia a carta me convocando para um treinamento de oficial – e fui enviado, a meu pedido, para Cingapura, em 1955. Eu queria uma aventura: seria muito melhor, eu sentia, do que passar 18 meses comendo ovo e batata frita em algum lugar como Bodmin.

Uma vez lá, fiz amizade com um homem que, como eu mesmo, vinha do norte da Inglaterra e, também como eu, trabalhava no setor educacional na base da RAF em Changi.

Jim era animado e assumidamente cristão, mas, enquanto nossa amizade se desenvolvia, mostrou uma propensão a ser profundamente irritante. Um dia, sentados juntos no escritório, perguntou-me o que esperava fazer quando voltasse à Inglaterra. Respondi que sempre quis trabalhar no que era o *Manchester Guardian*. "Ah [disse Jim], então você acha que ambição pessoal é uma coisa boa."

Por alguma razão – em parte, sem dúvida, porque tenho o pavio curto – esse comentário curioso me deixou furioso. Também acertou na mosca no que, embora nunca tivesse colocado em palavras, era meu motivo central na vida, um desejo de subir a escada do sucesso.

O que, exigi saber, era antinatural sobre a ambição? Jim apenas riu e não disse mais nada, o que foi até mais enraivecedor.

Então, dois meses depois, enquanto estávamos tomando um café depois do jantar, no quarto dele, Jim casualmente me comunicou que ele achava que eu era a pessoa mais egocêntrica que havia conhecido. Daquela vez, minha reação foi mais violenta. Peguei um pedaço de sabão da pia e joguei nele. Isso não pareceu incomodá-lo. Era realmente uma pessoa irritante. Você nunca sabia qual seria a próxima coisa que ele poderia dizer.

Isso é suficiente como pano de fundo para a noite que demonstraria ser tão crucial para mim e que veio a ocorrer apenas poucas semanas depois. O contexto era o mesmo. De novo, estávamos tomando um café nos aposentos de Jim. De maneira bastante súbita, sem nenhuma preliminar, ele me perguntou se eu gostaria de, como colocou, "ouvir a voz de Deus". Se eu não tivesse ficado tão surpreso, poderia ter gargalhado.

Sabia haver evangélicos ardorosos que seriam capazes de perguntar, às vezes nas circunstâncias mais impróprias, se você tinha sido "salvo". De fato, houvera um desses na Christ Church, em Oxford, um homem de olhos brilhantes cuja aparição em Tom Quad sempre me fez galopar na direção oposta. Eu não esperava ser encurralado assim, numa ocasião em que minha única expectativa era uma conversa entre amigos.

Em todo caso, pensei em uma sugestão disparatada. "Mas [disse] não acredito em Deus." Isso não perturbou Jim. Minha crença ou ausência dela não mudava a posição de Deus em nada, respondeu ele. Por mais constrangido que estivesse, presumi que aquilo deveria ser uma dessas reações simplistas que hábeis evangélicos produzem para pegar seus alvos no pulo. Contudo, deixou-me com o pé atrás, sem saber o que dizer a seguir.

O golpe súbito de Jim caiu no que poderia ser pensado como solo infértil. É bem verdade, eu tinha sido enviado ao catecismo aos domingos e para a capela, muitas vezes até três vezes em um só domingo, por pais que sem dúvida queriam uma folga das demandas de um filho único hiperativo. É bem verdade também que mais tarde cantei no coral da igreja anglicana da localidade, onde mostrei uma tendência de desmaiar nos momentos cruciais dos serviços religiosos.

Mesmo assim, tudo aquilo me deixara com nenhum interesse em religião. Também não tinha nenhuma crença consciente nem, por sinal, qualquer descrença. Na minha opinião, a religião era um problema periférico. O que realmente me interessava era ganhar partidas de críquete – eu era o capitão da Força Aérea local – e refletir sobre o que faria quando voltasse para a Grã-Bretanha.

Por outro lado, é justo dizer que embora tenha dado alguns passos superficialmente impressionantes para cima na escada do sucesso – um diploma decente em Oxford, uma bolsa de estudos nos Estados Unidos – havia dentro de mim um sentido vago de mal-estar, uma sensação de não estar inteiramente confortável comigo mesmo e com minha vida. Minha pátina de autoconfiança era mais fina do que poderia parecer.

Talvez por isso não tenha rebatido a menção de Jim a Deus com um "deixa de bobagem" ou "você não pode estar falando sério". De qualquer maneira, seja lá por que motivo, não fiz nada disso. Meu silêncio, minha imagem de muda aquiescência, eram o bastante para dar a ele um vá em frente.

"Por que não ficamos quietos? [ele disse]. Apenas pense nos padrões não condescendentes da vida e dos ensinamentos de Jesus Cristo, e veja se Deus diz alguma coisa a você." Ele me deu um lápis e um pedaço de papel para que eu pudesse anotar quaisquer pensamentos que me viessem à mente. Então, como uma ovelha idiota antes de ser tosquiada, fiquei ali sentado esperando.

Não tinha nenhuma expectativa. Nunca me havia ocorrido, nos meus 20 anos, que estar em silêncio poderia ser uma atividade útil. Na verdade, jamais pensara sobre isso como um conceito. Se tivesse, tenho certeza de que teria considerado um jeito inútil e chato de perder tempo quando havia tantas coisas interessantes a fazer.

Na situação, não tive que esperar muito. Quase imediatamente um pensamento irrompeu em minha mente. Era, na verdade, mais do que um pensamento. Soava quase como se tivesse sido dito por alguém mais dentro de mim, e de uma maneira peremptória. "Você é um ditador no campo de críquete", as palavras vieram: "Peça desculpas a seu time!"

Fiquei atônito. Nunca havia tido conscientemente nenhum pensamento desse tipo, na verdade nunca nem mesmo pensara sobre meu comportamento no campo de críquete. Tudo que havia pensado era sobre vencer. Mesmo assim aquilo me pareceu verdade. Eu era o único oficial no time e, embora não fosse excessivamente arrogante, tendia a dar ordens aos jogadores de outros postos, que incluíam três talentosos australianos.

Naquele momento, ouvindo aquelas palavras, tive uma sensação de que havia alguma coisa, alguém lá fora, que me conhecia melhor do que eu conhecia a mim mesmo. Por causa do modo que fora criado e todos aqueles anos no catecismo dominical, instintivamente rotulava aquela alguma coisa de Deus.

Outros pensamentos se seguiram, e todos eles tinham uma qualidade imperiosa no começo. "Quando você foi para Oxford", veio outro pensamento, "Você se tornou um esnobe. Escreva e peça desculpas a seus pais".

De novo, jamais tivera nenhum pensamento desse tipo antes, mas sabia o que significava. Meu pai, que nesse tempo era zelador de uma escola, tinha o extraordinário dom de comer uma grande quantidade de ervilhas usando apenas uma faca e eu tinha imaginado que esse tipo de coisa não iria ser muito bem aceita na Christ Church. Como resultado, nunca havia convidado meus pais para irem a Oxford.

E então havia três garotos que eu tinha tratado muito mal na escola. De novo, mais cartas, mais desculpas. Garotas que eu tinha maltratado... ia mais e mais – e sempre, com cada pensamento, o que eu deveria fazer.

Pensando sobre isso agora, parece que antes daquela noite com Jim eu tinha sido devastado por um sentimento de culpa e que a barragem tinha se rompido quando ele me acuou. A memória, claro, pode pregar estranhas peças em todos nós, mas, pelo que me lembre, eu não sofria – se é essa a palavra – de nenhum sentimento de culpa e não estava, como dizem por aí, "procurando alguma coisa". Tudo isso torna ainda mais difícil explicar o que aconteceu.

Bastante estranho o fato de que, quando contei a história para pessoas que conheci enquanto reunia material para este livro, ninguém disse que considerava a coisa toda como um completo delírio de minha parte. Talvez eles estivessem sendo apenas educados. De qualquer jeito, o tema sempre fazia com que a discussão ficasse mais profunda.

Hindus e cristãos normalmente acham que Deus teve alguma parte naquilo, possivelmente uma parte considerável em tudo. Meu amigo zen budista supõe que, por causa do choque do convite bizarro que Jim me fizera, eu havia subitamente sido posto em contato com aquilo que já estava aguardando na parte intuitiva, no lado direito de meu cérebro.

Outros budistas sustentavam que eu sempre soubera que meu comportamento estava pronto para correções e que a ocasião simplesmente desbloqueara aquele conhecimento. "Você percebeu que era um idiota no campo de críquete [disse Amaro Bhikku, o abade do Mosteiro Amaravati], mas estava tudo enterrado sob a vida de condicionamento que você teve. Você queria ganhar, parecer bom, e sua sabedoria intuitiva nunca emergia por causa de seu desejo de sucesso e sua vontade de impressionar os outros."

Entendi o que todos diziam e não havia dúvida de que existia uma boa parte de verdade em muito daquilo, mas ainda não achava essas explicações inteiramente satisfatórias. Para começar, como digo, eu nunca tinha refletido muito sobre as áreas para as quais os pensamentos levaram minha atenção à força. Mais ainda, os pensamentos que irromperam em minha mente realmente pareciam vir de algum outro lugar.

Era como se alguém ou alguma coisa estivesse falando comigo. E os pensamentos tampouco transmitiam apenas uma vaga sensação de que eu precisava fazer alguma coisa sobre minha vida. Eles tinham uma qualidade decisiva e inequívoca que dificilmente poderia surgir de algum sentido geral de insatisfação. Poderiam ter alguma conexão com o que os cristãos chamam de Deus?

Tomados em conjunto, os pensamentos que vieram a mim equivaliam ao começo de um programa para um novo modo de vida. Dado meu desinteresse em religião, não penso que poderia tê-los inventado eu mesmo.

Se eu afirmasse, no mundo de hoje, que Deus havia falado comigo, achariam que eu andava delirando ou que estava meio louco. Então talvez fosse melhor chamar os pensamentos de locuções interiores e deixá-los como tal.

No entanto, tendo começado aquele período de silêncio como, no melhor dos casos, um agnóstico, saí dele como uma espécie de crente, no sentido de que jamais me ocorreu não obedecer àquilo que me tinham aconselhado fazer. E, por alguma razão que de novo não posso explicar de modo adequado, deixei o quarto andando nas nuvens, não por causa de alguma realização, mas porque sentia uma libertação, uma liberdade e um tipo bastante novo de felicidade interior.

E mais, tendo achado que uns momentos passados em silêncio poderiam ser muito mais frutíferos do que eu jamais imaginara, estava ansioso para repetir a dose, sozinho, na manhã seguinte.

Nos dias subsequentes, fiz tudo que me havia sido dito que fizesse: cartas, desculpas, tudo da melhor maneira possível. O time de críquete teve um choque, mas se recuperou logo. Dali em diante, adotei a prática de passar um período em silêncio logo de manhã cedo. O que veio a mim ao longo dos anos nesses momentos teve uma parte decisiva na minha escolha de carreira e de quem pedi que se casasse comigo.

Com todos os meus erros e irreflexões, o silêncio tem sido sempre um guia infalível e uma companhia. De certo modo, este livro é meu agradecimento ao silêncio.

Isso é o suficiente sobre mim – ou quase o suficiente. Dada a natureza de minha experiência, estava particularmente interessado em saber se outras pessoas tiveram essa chamada locução interior, e como isso afetara suas vidas. Não que eu considerasse tais experiências como um sinal de favor divino – sei de muitas pessoas profundamente religiosas que nunca as tiveram – mas, apesar disso, essas experiências realmente me intrigam.

O que me surpreende sobre aqueles que afirmam tê-las experimentado é como são pouquíssimas, mesmo em vidas totalmente devotadas a servir a Deus. Por exemplo, esperava que monges e freiras tivessem tido um significante número dessas experiências, que elas fossem quase eventos rotineiros em suas vidas, considerando que eles estariam supostamente "mais perto de Deus" do que o resto de nós.

Eu me questionava se os menos escrupulosos dentre eles poderiam afirmar ter ouvido "vozes" em inúmeras ocasiões apenas para indicar que tinham intimidade com o Todo-Poderoso! Fiquei surpreso ao descobrir que frequentemente o que ocorre é o oposto.

Falei, entre outros, com três freiras, uma católica e duas anglicanas, as quais pertenciam às suas ordens há décadas. Mesmo assim, cada uma delas tivera apenas uma experiência que estava pronta a descrever como uma locução interior e, em uma circunstância, aquilo acontecera muito antes de ela se tornar freira.

"Pessoalmente só sei de Deus falar com palavras apenas uma vez [disse Irmã Mary de St. Joseph, priora do convento carmelita em Ladbroke Grove, Londres]. Tinha 8 ou 9 anos naquela época e, durante uma semana de devoção especial, nosso padre disse que nós deveríamos perguntar a Deus o que poderíamos fazer para agradá-lo. Se nós perguntássemos, ele disse, receberíamos uma resposta.

Lembro-me de ficar bastante intrigada com aquilo, e então, ajoelhada com minhas irmãs diante do Santíssimo Sacramento, perguntei a Deus o que Ele queria de mim. A resposta veio quase antes de eu estar pronta. Foi apenas a palavra 'Reze!' A palavra fora proferida por si mesma, eu não a escutei com meus ouvidos, mas não tinha vindo de nenhum lugar dentro de mim.

Pensei que tinha sido uma resposta engraçada e algo desinteressante. Pensei 'eu já faço isso' e esqueci daquilo. Esperava alguma coisa como 'ajude sua mãe' ou 'ajude suas irmãs'. E ainda, quando me tornei uma freira carmelita, não estabeleci nenhuma conexão entre ter ouvido aquela instrução e o que decidira fazer de minha vida. A coisa mais impressionante para mim é que aquela palavra cumprira a si mesma sem nenhuma intenção de minha parte."

A meu ver, não há como saber quando ou o porquê dessas locuções acontecerem, embora elas pareçam ocorrer naqueles momentos na vida das pessoas que talvez possamos chamar de encruzilhadas.

"Quando tinha 30 e poucos anos [disse Miles, que me disse passar bastante tempo em devoção silenciosa regularmente], eu estava trabalhando para uma companhia em Wiltshire. Tinha acabado de completar 30, e senti que chegara a hora de me casar. Uma garota de uma das famílias de nosso grupo social me atraía e senti que poderia ser recíproco. A ideia, contudo, não tinha ido além de uma suposição.

Então um dia, voltando para onde trabalhava, depois de um fim de semana em que visitei meus pais, estava sentado num compartimento do trem em Paddington numa noite fria de inverno. Será que deveria, comecei a me perguntar, ir em frente com a ideia de ter uma relação mais próxima com a garota que tinha em mente? Em uma das poucas ocasiões em que parecia para mim que havia alguém mais falando comigo, ouvi a devastadora sentença 'Você está sempre livre para escolher uma segunda opção'.

Num instante, soube que ela não era a pessoa com quem eu deveria casar. Só 8 anos depois é que a pessoa certa me foi dada."

Essas são as locuções interiores, que chegam em forma similar à voz falada. Outros que não afirmam jamais ter ouvido nenhum tipo de "voz" têm, porém, tido experiências de pensamentos inesperados, irritantes e persistentes; e que, por terem prestado atenção a eles, pouparam a si mesmos (e aos outros) de desastres ou pelo menos de riscos sérios.

Jagdish Joshi é um brâmane hindu que, quando jovem, praticava o silêncio por alguns minutos todos os dias para estabelecer suas prioridades de rotina. Em 1972, começou a trabalhar como supervisor de um local de obras na construção civil. Eles estavam construindo um poço em uma aldeia numa área remota. A escavação do solo estava quase completa e eles estavam se apressando para construir as paredes de retenção do poço antes de as monções chegarem.

Uma noite após o sol se pôr, quando o trabalho tinha sido encerrado para o dia, Joshi estava dando um passeio ao longo da margem do leito de um rio já seco quando teve um pensamento persistente de que eles deveriam *imediatamente* transferir o acampamento de trabalhadores para um local mais alto.

Ele resistiu à ideia por um tempo considerável. Os 115 trabalhadores estavam exaustos depois de um dia de trabalho longo e quente. No entanto como o pensamento, simplesmente se recusava a ir embora, ele reuniu os líderes dos trabalhadores e disse que, embora estivesse escuro como breu, eles iriam transferir o acampamento para uma localidade diferente.

Eles relutaram, mas Joshi insistiu e pediu que lanternas extras fossem trazidas da aldeia. Eles passaram as próximas 3 ou 4h transferindo o acampamento para um local mais alto.

Nas primeiras horas da manhã seguinte houve um grande barulho e, por alguns momentos, a terra tremeu. Na primeira luz, Joshi descobriu, para seu horror, que a terra próxima ao local da escavação sofrera um deslize e que o lugar onde estivera o acampamento dos trabalhadores era agora um imenso buraco.

Ele tivera, disse-me, uma experiência similar quando levava um grupo de adolescentes ao norte da Índia como parte do programa Internacional de Intercâmbio do Rotary. Uma noite, depois de acabarem uma visita turística e estarem voltando para o hotel, o guia local sugeriu que deveriam todos, após o jantar, ir a um bazar noturno porque assim os visitantes estrangeiros poderiam ter uma "experiência de compras pechinchadas".

Todos gostaram da ideia, mas, enquanto Joshi tomava uma ducha, teve um pensamento forte e persistente que deveria cancelar o passeio e, em vez disso, organizar um *show* de talentos no gramado do hotel. Na manhã seguinte, enquanto fechava a conta no hotel, ele ouviu pessoas no balcão falando sobre o bazar noturno onde eles tinham planejado ir na noite anterior.

Havia acontecido um episódio de violência pública por lá, e muitos danos tinham ocorrido a veículos e propriedade. Uma multidão havia saqueado as lojas e atacado turistas. Joshi chegou à conclusão, por essa e por outras experiências, que é uma boa ideia dar atenção à voz interior.

Algumas pessoas surpreendentemente se viraram para o silêncio em busca de ajuda, em particular nos momentos de grande necessidade, mas por alguma razão preferiram não dizer nada sobre isso. Winston Churchill foi uma delas.

Dra. Josephine Butler trabalhou próxima ao primeiro-ministro durante a Segunda Guerra Mundial e mais tarde escreveu sobre suas experiências em seu livro *Churchill's Secret Agent* (O agente secreto de Churchill, em tradução livre).

No livro, ela recorda uma conversa surpreendente que tivera com o primeiro-ministro. Ela estava presente em uma reunião na qual Churchill dissera que queria substituir o general no comando das operações na África. Quase todo o gabinete de guerra era contra o homem que ele tinha escolhido. "Eu disse que, quando enfrentava problemas, sempre rezava e meditava e aquilo havia me trazido resultados. Eu sabia que ele também meditava. Ele se virou para mim com surpresa e disse 'Você é muito observadora. A maioria das pessoas imagina que apenas cochilo'" (*Churchill's Secret Agent*. Exeter: Blacketon-Hall, 1983, p. 36).

Jonathan Sacks, o proeminente rabino-chefe da Grã-Bretanha, é outro que, até agora, preferiu não dizer nada sobre sua prática do silêncio. "Nós não somos muito do silêncio no judaísmo [disse com um sorriso irônico], mas eu passo um monte de tempo escutando Deus, em silêncio."

Sacks virou-se para a mulher, sua assistente, que estava sentada conosco. "Desde quando você me conhece? [perguntou] Há 43 anos [respondeu ela]. E alguma vez eu falei sobre isso antes?" [ele lhe perguntou]. Ela negou com a cabeça.

Essa, disse Sacks, era na verdade a primeira vez que ele havia falado sobre o assunto. Houve uma facção de judeus místicos, os hasidim, que tinham feito uma disciplina de silêncio, e ele havia feito o mesmo.

"Em silêncio [prosseguiu] você pode escutar alguma coisa que não é apenas o produto de sua própria personalidade, alguma coisa que está lá fora e diz: 'Isso é o que você precisa ser'. Quando estou fazendo alguma coisa errada ela diz o que eu devo fazer para torná-la certa, e quando estou fazendo algo certo, que devo continuar.

Não a considero infalível, e não se traduz em palavras, mas em sentimentos e, às vezes, é um chamado para fazer algo." Outros, acrescentou, podem chamar isso de intuição. Para ele, havia mais naquilo.

"Há na Bíblia [disse ele], a famosa história de Elias, o profeta. Jezebel quer seu sangue e ele vai ao Monte Horeb. Lá, ouve o que seria melhor traduzido como 'silêncio elegante' (a Bíblia na versão do Rei James a apresenta como 'uma voz tranquila e pequena')."

"Ora, esse é um som que você pode ouvir apenas se estiver escutando e esse é o modo como Deus fala em silêncio. Nós temos que criar um silêncio na alma e daí podemos ouvi-lo escutando-nos e falando suavemente."

Pedi a Sacks que me explicasse um famoso ditado hassídico que diz: "o altar mais querido de Deus é o altar do silêncio".

"A linha mais famosa nas preces judaicas [respondeu] é: 'Ouça Ó Israel, o Lorde nosso Deus é um'. Em minha própria tradução, eu apresento esse trecho como 'Escute Ó Israel', porque queria que as pessoas entendessem que escutar a Deus é uma forma de escuta muito ativa, não é passiva. Quando Moisés diz isso, ele está comandando as pessoas para que escutem a Deus.

Não considero nada do que vem a mim em silêncio como sendo da categoria de revelação [Sacks prosseguiu], mas passo muito tempo em silêncio e, naquele silêncio, descubro o que preciso dizer, como preciso liderar.

A vida moderna não nos dá tempo suficiente para o silêncio. Nós temos de ouvir a música por baixo do barulho. Isso é o que penso que a fé religiosa é, a habilidade de ouvir a música por baixo do barulho."

Richard Chartres, o bispo anglicano de Londres, compartilha completamente a reverência de Sacks pelo silêncio. "Todas as manhãs, quando leio as Escrituras para o dia e rezo, passo meia hora numa prece sem palavras, alcançando além, sendo tolerante com as coisas conforme aparecem. Se alguma coisa clamorosa surge, apenas noto e vou em frente. Como diz o poema de Kipling, trate os dois impostores da mesma maneira, não fique exultante com o triunfo nem deprimido com o desastre.

Não ouço vozes, mas recebo comunicações de Deus. Há a luz que revela com uma claridade horrível as partes de minha vida que são expostas como inautênticas, e em seguida é mostrado o que tem de ser feito sobre elas.

É orientação, mas não vem em frases. Na sua escuta diária, como eu, você encontrará anjos, mensageiros de Deus, ou ali ou durante o curso do dia. Alguma outra pessoa falará palavras que têm uma seriedade específica extra, palavras de poder. Você deve receber essas palavras não como informações, mas como mensagens vindas de Deus."

O tipo de cristão como Chartres parece ser alguém que aspira a ser um ouvinte constante. "Se você começar a entrar na escuridão, engajar-se numa profunda escuta, você pode ouvir aquelas mensagens dos anjos todos os dias. A vida espiritual significa despertar, é a capacidade de observar e escutar. É assim que devemos viver, então coisas reverberam em nossos espaços interiores e não apenas ricocheteiam na superfície."

Para Chartres, colocar nossos pés nessa estrada, tentar se tornar aquele tipo de pessoa, envolve quebrar a casca que todos nós construímos para nos proteger dos perigos, pressões e desapontos dessa vida, pedras e flechas da sorte ultrajante, melhor conhecida como Lei de Murphy. Até que aquela casca quebre, ele diz, "somos como peixes doentes presos sob ela". Tal ruptura, ele prossegue, requer silêncio e imobilidade, que – para ele – são "os grandes educadores, porque desviam as pressões do momento passageiro".

"Quando quebramos essa casca, entramos naquilo que eu chamaria de zona psíquica na qual há grandes sombras, grandes medos, ânsias, luxúria, onde nos é mostrado o que não gostamos sobre nós mesmos e todas as coisas que encobrimos ao longo dos anos."

"Uma das leis da vida espiritual é que o que você encobre tem o poder de danificá-lo profundamente. Se, por outro lado, você puder encarar essas coisas, pode tirar seu poder de lhe causar danos irremediáveis. E então, assistido por um guia, como Virgílio escoltando Dante através do inferno, você pode achar seu caminho para uma vida nova e diferente."

O que era vital ao navegar através da zona psíquica, prosseguiu ele, era que deveríamos mergulhar no silêncio. Isso poderia, de algumas maneiras, ser como "uma antecipação da morte", já que encontramos todas as sombras e terrores, mas se havia um abandono da casca de nossa vida velha, então iríamos ser recebidos e acolhidos.

"Se pudermos nos comprometer a explorar esses espaços interiores com integridade, seremos surpreendidos pela alegria – uma alegria que não esvanecerá porque vem de uma fonte inextinguível além de nós mesmos. E descobriremos que o silêncio é a coisa mais falante do mundo.

Nós temos, porém, que ser absolutamente escrupulosos em tudo isso para não procurarmos cultivar somente aqueles espaços interiores que nos são agradáveis. As pessoas talvez estejam procurando paz e um sentido de calma interna, e essas não são ambições ignóbeis, mas elas podem ser também inimigas do progresso – e, então, nós nunca chegaremos ao lugar em que dizemos 'agora não sei nada', onde encontramos um mistério.

Esse não é um quebra-cabeça que pode ser resolvido por algum Hercule Poirot com suas pequenas células cinzentas, mas é um mistério que inclui você. Não há sondagem desse mistério. É imponderável. Como diz São Paulo 'Nele vivemos e nos movemos e temos nosso ser'."

Se Chartres está certo, impregnar a si mesmo em silêncio e permanecer nas percepções que isso nos traz não é algo para ser feito de modo ligeiro ou imprudentemente. Como ele afirma, soa como uma aventura interessante para aqueles com estômago para isso, mas não necessariamente uma aventura confortável.

O que escrever este livro me mostrou é que o silêncio tem um poder imenso, de várias maneiras. É um ingrediente vital na música e no drama. É o berço da criatividade, o espaço mental no qual todas as grandes artes foram concebidas. É uma ferramenta inestimável para o psicoterapeuta e para o padre.

Pode ser livremente usado por aqueles que procuram Deus ou a iluminação na busca de autocompreensão, autodomínio ou autocura. Num nível mais modesto, pode nos dar um bendito descanso do clamor da vida cotidiana.

No entanto, para a maioria das pessoas do Ocidente, o silêncio continua a ser um zero, um nada, um espaço em branco, uma fonte de tédio – e, frequentemente, um espaço maligno e desprezível também. Ele pode aprofundar um sentimento de solidão, aumentar um sentimento de arrependimento ou culpa, permitir que ódios e feridas se supurem.

Nós, ao menos, temos o livre-arbítrio de escolher o que essa experiência será para nós. Está à nossa disposição, para nós comandarmos: um inimigo do qual fugimos, ou um amigo sempre presente, um amigo sempre cortês. Se escolhermos tratá-lo como amigo, ele pode nos dar todos os tipos de coisas: uma maneira de organizar nossas vidas, percepções de nós mesmos e dos outros e, para as pessoas religiosas que creem, meios de explorar uma sabedoria muito maior do que a nossa.

Eu saúdo a todos os que, de quaisquer caminhos da vida, reconhecem o valor do silêncio e foram treinados para usá-lo com a destreza e a discrição que ele exige e merece. E àqueles que nunca tentaram explorar suas riquezas, eu diria: tente, não há nada a perder. Talvez não haja nenhum lucro rápido, mas se você ignorar suas possibilidades, talvez esteja privando a si mesmo da grande e enriquecedora aventura de viajar por aquilo que é, afinal, nosso próprio e único universo interior.

ÍNDICE REMISSIVO